「ふらっとスペース金剛」を立ち上げた女性たち

ママたちを支援する。ママたちが支援する。

ふらっとスペース金剛 編

せせらぎ出版

2003年、大阪府富田林市に誕生した「ふらっとスペース金剛」。
子育てにつまずいたママたちが、自分たちの居場所として立ち上げたこの場所が、
2018年に設立15周年を迎えます。

生まれてきたわが子を、どうしてもかわいいと思えなかったママ。
子育てをがんばりすぎて、追いつめられてしまったママ。
そんな「落ちこぼれママ」たちが集まってできた子育て支援のスペースが、
今では、地域の人はもちろん、
全国の関係者の方々から応援していただける拠点へと成長しました。
その最初の思い、設立に至ったママたちのリアルな感情を、書き残しておきたい。

そして、手探りで始めた子育て支援の活動を「事業」として継続していくために、
どのような工夫と手法を採用してきたのかをまとめておきたい。

子育てに悩んでいるママたち、
子育て中でも輝きたい！ チャレンジしたい！ と願う女性たち、
女性のエンパワメントに興味のある方、
女性による組織運営を模索している方にも、
この本が届くことを願っています。

はじめに ――「ふらっとスペース金剛」誕生前夜

もう15年以上も昔の話なので、みんなの記憶も曖昧なのだけれど。10名の女性が、古い民家のリビングでテーブルを囲んでいました。テーマは、「この民家をどう活用するか」。集まったのは、生協活動や女性問題の講座で知り合った仲間たちでした。

生協というと「安心・安全な食材」のイメージですが、エスコープ大阪では住みやすい街づくりに取り組んでいこうと1996年を「福祉元年」とし、福祉活動にも力を入れ始めていました。

南河内エリアでも福祉の活動を始めようと、地域委員会が組合員へのアンケートを企画し、どのような困りごとがあるのか、どのような福祉活動が求められているのかを調べていました。回収されたアンケートを見て、福祉に興味がありそうな人に声をかけて集まってもらい、どのような活動ができるか話し合いが始まりました。この話し合いから、後に子育てサークル「あいあい」が生まれることになります。

その頃、全国の生協では「ワーカーズ運動」が始まっていました。雇う・雇われるという関係性

ではなく、全員が出資し・経営に参加し・労働する「ワーカーズ・コレクティブ」という労働者の団体が、エスコープ大阪の協力のもとにいくつか設立されていました。

南河内エリアを中心に活動していた福祉ワーカーズ・コレクティブ「はんど」（現在はNPO法人）もそのひとつ。大阪府富田林市寺池台にあった一軒の空き家を拠点とし、「よりあい金剛」と名付けてデイサービスを行っていました。

2000年に介護保険法が施行されると、エスコープ大阪が本格的に介護事業に乗り出すことになり、「よりあい金剛」はエスコープ本体の介護事業の拠点となりました。さらに2003年には、富田林市久野喜台に新しい施設が建設され、「よりあい金剛」はここに移転することに。寺池台にあった旧「よりあい金剛」をどう活用するかが課題となりました。

当時、私は3人の子どもを育てながら、生協のカタログや機関紙を作成する編集ワーカーズ・コレクティブに所属し、同時に南河内エリアの地域委員として活動していました。前述のアンケートで集まった人たちのミーティングにも参加し、地域委員だった私がリーダーをつとめることになりました。

福祉活動のリーダー……と言われても、高齢者や障害者の福祉については何の知識もなく、まったくピンときませんでした。ですが、子育てについては、日々めちゃくちゃ困っている最中でした。「子育てにまつわる福祉活動なら私にもできるかもしれませんが、それ以外はちょっと……」とお返事したところ、じゃあそこから始めてみれば？ということになり、子育てサークル「あいあい」がスタートしたのです。

当時の私は、もう本当に子育てに行き詰まっていたので、仕事の合間に、子育てに関する講座をハシゴしていました。そこで知り合った講師の方に来ていただいて「あいあい」で勉強会を開催したり、「保健師さんのお話を聞こう」という企画で保健師さんに来ていただき、その実、親が保健師さんのひと言にどれだけ傷ついたかを訴えてみたり（笑）。

あと、「みんなで喫茶店に行こう」という企画もありました。なんのことはない、子連れでお茶するだけなんですが、参加したママたちからは、「子育て中に、こんなふうに喫茶店でコーヒーが飲めるとは思ってなかった」「ゆっくりしゃべれて、ホントうれしい」といった声が聞かれました。子育て中の外出と言えば、公園かスーパーぐらい……そんな時代だったんですね。

毎年開催されていた、富田林市の男女共同参画フォーラムの分科会を「あいあい」で担当させてもらったりもしました。そうこうしているうちに、市の職員さんとも顔見知りになり、「あいあいさんで、託児をやってくれませんか？」というお話をいただくようになりました。市の総合体育館で開催されていた親子体操教室の間、下の子の保育をするお仕事です。

これは、ものすごくうれしかったです。子育て中だって、何かやれることがあるはず。そう思っているママたちにとって、子どもが幼稚園に行っている間にできる保育の仕事は、自分が社会の一員であることを実感できる貴重な機会でした。

「あいあい」の活動がおもしろくなってきた私は、もうちょっと勉強してみたい……と思い、無謀にも富田林市の「女性問題アドバイザー養成講座」に手を出してしまいます。10ヵ月がかりで修了する、気合いの入った講座です。

子育ての問題には、女性問題がついてまわります。多くの女性たちが、「母だから、妻だから、こうあらねば」というジェンダー（社会的性差）に縛られて苦しくなっていきます。児童虐待もDV（ドメスティックバイオレンス）も、ジェンダー意識が引き金になっているケースが多いのです。

妻なんだからちゃんとご飯を作るのが当たり前、母なんだから子どもをきちんとしつけるのは当たり前……そんなふうに無意識のうちに刷り込まれた自分の中のジェンダーに気づき、社会の「常識」を徹底的に検証する。女性からの電話相談を受けられる人材の育成を目指して開講された講座なので、講師の先生も厳しく、仕事や生協活動をしながらの参加はホントに大変でしたが、そこでいろんな人に出会うことになります。後に「ふらっとスペース金剛」の代表となる岡本聡子さんとも、そこで出会いました。

彼女は、講座生の中で、異彩を放っている……ように見えました。講座の終盤、これまで学習してきたことをグループごとにまとめて発表する時間があり、彼女のグループはDVをテーマにした寸劇を披露したのですが、酔っぱらって妻に暴力をふるう夫の役を演じた彼女は、ほっぺたにぐるぐると赤い渦巻きを描いて現れました。バカボンみたいに……。

で、最初の話に戻ります。デイサービス拠点としての役割を終えた「旧よりあい金剛」を、どう活用するか。

話し合いは、「あいあいで、子育て支援の拠点として運営してはどうか」という方向でまとまろうとしていました。ですが、「あいあい」のメンバーの中には、疑問を呈する人もいました。

どうやって家賃払うん?

正論でした。当時はまだ子育て支援に国の予算が付くという感覚もなく、月5万円の家賃を払うだけの収益を得ることは、まったく不可能なことでした。

「あいあい」全員の賛同を得るのは難しく、結局、有志で別組織を立ち上げることになりました。「あいあい」のメンバーの一部、生協の理事や地域委員、さらに女性問題アドバイザー養成講座で知り合った岡本さんもここに引っ張り込みました。

こうやって誕生したのが、「ふらっとスペース金剛」です。

スタッフも、利用者も、みんなフラットな関係でいたい。そんな思いを込めてのネーミングでした。ここに、子育て中のママと子どもが集まれる居場所を作ろう。家賃の5万円は、有志の10名が、毎月5千円ずつ自腹を切ることになりました。

「みんなでお金出し合いません?」と言ったのは、私だったと記憶しています。なんで、そんなアホなこと、言ってしまったんだろう。まあ、私も仕事をしていたので、月5千円ならなんとかなるか、と思ったんですよね。

スタッフに報酬が必要だなどという認識は、まったくありませんでした。この場所に、親子で遊びに来てもらって、コーヒーをゆったり飲んでもらう。スタッフは、ママたちの話を聞いたり、子どもの遊び相手になったり。コーヒー代ぐらいは、もらってもいいんちゃうかな？ ぐらいの意識。事業の「じ」も、わかっていませんでした。

「あいあい」の代表は私でしたが、編集の仕事もあったので、誰かほかに代表やってくれる人おれへんかなあ……と思い、ほっぺたにバカボンの渦巻きを描いてた彼女に「ふらっとの代表、やれへん？」と聞いてみたら、何をどう考えたのかはわからないけれど、「うん」と即答されました。

いや、なんで即答？ ふつう、「考えさせて」とか、言わへん？

実は彼女、この頃にはもう、子育てママたちの居場所づくりを目指して孤軍奮闘していたそうです。社会福祉士の資格も取得していました。そんな彼女にとっては、願っていた拠点が目の前に現れた。一方の私から見れば、生協活動の枠を飛び出してまったく新しい組織を作っていくのに、彼女はこれ以上ない適任者でした。

こうして、「ふらっとスペース金剛」はスタートしました。

今回、ふらっとスペース金剛15周年にあたり、立ち上げメンバーに話を聞いて設立に至るまでの思いをまとめてみてはどうか、という企画が持ち上がり、最初に家賃を出資していた10人のうち、なんらかの形で実務に携わったことのあるメンバーへのインタビューを試みました。さらに、右も左もわからないまま立ち上げた団体を、どのようにして組織化していったのか、その過程も書き記すことにしました。

なぜ、子育て支援をやろうと思ったのか？　どんな思いで立ち上げ、どんな葛藤があったのか？　どうやって組織としての体制を整えてきたのか？　その記録が、これから何かを始めたい方へのエールとなることを願って、本書を書き上げたいと思います。

ふらっとスペース金剛 広報担当　原井メイコ

目次

第3章 女性たちの「活動」を「仕事」にするために

第1章

自分たちの居場所が、女性の働く場に

――「ふらっとスペース金剛」の15年をふりかえって

子育てママたちが集うひろばを……とスタートした、「ふらっとスペース金剛」。

開設から15年たった今、事業内容も多岐にわたるものとなり、組織のあり方も変わってきました。

その変遷を、15年間代表を務めてきた岡本聡子の視点から、駆け足でふりかえってみたいと思います。

自分たちの居場所が、女性の働く場に

――「ふらっとスペース金剛」の15年をふりかえって

ふらっとスペース金剛 初代代表
岡本 聡子

私がダメ母だからしんどいの？

誰ひとり知り合いのいない東京で、重いアトピーをもつ乳飲み子を抱えて孤軍奮闘していた私。仲間や居場所を切実に求めているのに、助けを求めることをためらい、周囲に心を開くことができなかった自らの子育て経験が、私の活動の原点です。手は差し伸べられていたのかもしれません。でも、「こうすればいいのに」という助言は、私の心には届きませんでした。「あなたはがんばってきたんだね」「これからは一緒にがんばろう」と言われてはじめて、これまでの自分を受容されたという実感を持つことができ、自らの殻を破ることができたのです。

２００１年、東京から帰阪して生活が落ち着いてきた時、富田林市の公民館で企画されたジェンダーについて考える講座のタイトルに息をのみました。

「殻をやぶって街に出よう！」

その強いメッセージに触発され、私は子どもを託児に預けてその講座を受講することにしました。母親だからこうしなくちゃいけない、こうあるべき、という思い込みの殻を破って。

そしてそこで出会った女性たちが、年齢も経験もまったく違うのに、私と同じ悩みを持っていたことを知り、はっとしました。

ひょっとして、私がダメ母だったから子育てをしんどいと感じていたのではなく、女性全体が置かれている環境のせいではないか？

そんな疑問を抱えて受講した「女性問題アドバイザー養成講座」で、「ふらっと」を立ち上げるメンバーと出会うことになりました。

自分たちで居場所をつくろう

「ふらっと」の立ち上げメンバーの一人である原井さんに誘われて、現在の「ふらっとスペース金剛」の拠点である民家で会議をしたことが、エスコープ大阪のメンバーと出会うきっかけとなりました。

生協活動をしていたわけではない私は、「この場所の活用をどうする？」という話し合いに、お客さんのような気持ちで参加していました。しかし、「『○○ちゃんのお母さん』だけでなく、私という存在を大切にしたい」「自分たちに必要なものは自分たちで実践していく」という先輩たちのエネルギーに圧倒され、主婦の寄り合いとは違う力強い雰囲気を心地よく感じました。また当時、社会福祉士国家試験の受験をするために、福祉の勉強をしていたことも私の気持ちを動かしました。

保育所、障害児施設、児童館など子どものための施設はあるけど、私が経験してきた母親の孤独に寄り添い、専業主婦の負担を減らし、悩みを打ち明ける場所ってない。居場所がない。

じゃあ、作りたい！

ぼんやり考えながら、何軒か不動産会社をまわりました。しかし、当時は住居目的以外に物件を貸すということがなかなか理解されず、事務所ですか？店舗をお探しですか？サークル活動って不特定多数の人が出入りするんですか？等々、不信感をあらわにされるばかりでした。さらに、会社ですか？とも聞かれ、物件を個人で契約するしか方法がない、ということも悩みの種でした。サークルやグループでは賃貸借契約も銀行口座も作れないことを、その時知りました。

主婦が社会で何かをしようと思っても、ハードルが高いんだなあ、と思っていたまさにその時、原井さんがひとこと。「ここが子育て支援の場になるなら、岡本ちゃん代表やらへん？岡本ちゃんのしたいこと、ここでやったらええやん」。

スイッチが入った私は「ふらっと気軽に立ち寄れる場づくり」「フラットな関係で、

お互い支え合う居場所づくり」の実現にむけて突き進むことになりました。２００３年5月のことです。

お金の問題！

拠点ができたとはいえ、5万円の家賃を払いながら、収入もほとんどない主婦たちでどう活動したらよいものか。10人のメンバーが、月に5千円を負担することで始めはしましたが、集金袋回収の目的が色濃くなった月一回の運営会議では、いつまで続けられるんだろうか、という不穏な空気に焦りを感じるようになりました。

「ふらっとスペース金剛」に収入がいる。

そこで、原井さんが富田林市から依頼を受け、サークル「あいあい」のメンバーに声をかけて実施していた託児の仕事を、「ふらっとスペース金剛」で一括して受けたいという申し出をしました。個人で受けていた仕事を、団体として受けるという提案です。個人だと時給７００円もらえていた仕事が、団体の維持のために時給５００円になるとはメンバーに説明できない、という原井さんとずいぶん議論をしました。託児メンバーとの意見交換会や説明会を経て、団体で受託することが決まりましたが、そこで再び、法人格がないことで、銀行口座が個人でしかつくれない、という現実にぶつかります。会計西岼《にしさこ》さんの個人名義の通帳からのスタートでした。

それでもお金が足りない。初年度は30ヵ所ほど助成金申請をしました。2万円規模から絵本の現物支給まで手あたり次第に応募しまくり、その年の12月、先導的コミュニティビジネスとして100万円のファンドを受けることになりました。以後、家計簿のような規模を超え、予算やら、事業やらという意識へと変化していくことになりました。

そんな中、法人格がないと応募できないところが多いことに気がつきました。助成金を受けるだけでなく、外部から仕事を受けるにも「NPO法人」になることが必要だと、立ち上げメンバーに提案しました。生協活動やワーカーズ運動をしてきた先輩たちは「サイズの合わない服を着ているみたい」と言いながらも新しい取り組みを応援してくれました。意見が合わなくても、議論をつくして実行していける仲間がいることに、とても勇気づけられたのを覚えています。

こうして2004年8月、子育て支援サークルは、「NPO法人ふらっとスペース金剛」となりました。

ついに「つどいの広場事業」を受託

現在では児童福祉事業となっている**「ほっとひろば**（旧名称「ほっとスペース」）**」**ですが、2003年のスタート当初は、「主婦が集まってお茶のんで、子どもを遊ばせ

て結構なことですな。井戸端会議で旦那のグチを言うてることが子育て支援ですか」などの嫌味をよく言われました。特に年配の男性からは冷ややかにとらえられていたように思います。「子育てもできないわがままな母親の支援をしないといけないのか」とも言われました。

そんなころ、富田林市にも子育て支援課が誕生しました。厚生労働省が少子化対策の一貫として「つどいの広場事業実施要項」を定めたのは2002年の4月ですが、その年に始まった「つどいの広場」は全国でわずか28ヵ所。市の事業担当課もまだ認識していない時期でした。

3歳未満の子どもと親が集う場をつくり、その交流を促進し、相談にのったり、子育て情報を提供したりする事業。まさに、私たちが開設している「ほっとスペース」のことだ！と胸が熱くなりました。「つどいの広場事業のことについて教えていただきたい」と、すぐさま厚生労働省に電話をかけました。「都道府県の方ですか？　市町村の方ですか？」と聞かれ、「大阪府であり、富田林市の方でもあり……」としどろもどろで、自らの名乗り方もわからなかったことを思い出します。幸いなことに、当時の少子化対策企画室長が電話に出てくださり、京都で研修会があることを教えてくださいました。「つどいの広場全国連絡協議会（ひろば全協／現在はNPO法人子育てひろば全国連絡協議会）」が開催するその宿泊研修に、三好さんと子連れで参加しました。研修会に同行した夫が、交流会の間、4人の子守を引き受けてくれました。

「親子の居場所――ひろば」を実践する全国の仲間と出会えたことで、ますますやる気が上がり、鼻息は荒くなりました。さっそく市役所の担当課に研修の報告に行き、ぜひ私たちの町にも「ひろば」をつくりたい、とお願いに行きました。その後も、「つどいの広場事業」の説明や、自主事業で運営している「ほっとスペース」に集う母親の声を届けに市役所の窓口に通いました。担当課長は、「岡本さんが窓口に来ると、僕の血圧が上がる」と嘆いていました。「市長とお茶でもどうですか」という富田林市の企画にも真っ先に応募し、5人のメンバーで子育て家庭の現状を聞いてもらいに行きました。

２００４年12月、「ひろば全協」の研修会で「ほっとスペース」の事例発表をしたあと、控室に戻ると携帯電話が鳴りました。「来年度から富田林市でもつどいの広場事業を開設します。受託にむけて準備をすすめてください」との朗報でした。飛び上がって喜ぶ、という文字通りの喜び方を仲間とともにした感動は今でも覚えています。

２００５年8月より、富田林市つどいの広場事業を受託。年間５００万円の事業費で、やっとパートに行くのと同等の時給を支払えると胸を撫でおろしました。同時にそれは、心折れそうな状況に粘り強く向き合い続ける幕開けでもありました。

市の事業になった途端に、食事はダメだ、おやつもダメだ、出張はダメだ、市外からの利用者受け入れはダメだ、などと制限をしてくる担当課とは、なんども衝突をして議論してきました。活動の一つ一つには深い意図があることを根気強く説明し、意見共有の難しさにもめげてしまうことなく現在に至っています。別の言い方をすれば、富田林市の職員さんたちもずいぶん忍耐強いのだと思います。相手の立場や役所の事情を理解したうえで、自分たちの言い分を伝えたり提案したりする訓練をずいぶんとしていただきました。

収入のめどが立ってほっとしたのもつかの間、「家の近くにもこんな場所がほしい」という利用者さんの声をうけて、〈かがりの郷〉〈レインボーホール〉〈すばるホール〉、さらにはとなりの市町村までも**「出張ひろば」**と名づけて出かけて行くことになり、ますます忙しくなっていきました。

事業を始めるきっかけはいつも、日常の困りごと

一方で、猪突猛進な私が母親としてショックを受ける出来事が起こります。夏休み中、長時間留守番をさせていた小学生の娘が、宿題のプリント冊子の仕上がらなかった数ページを破りとってゴミ箱に捨てていたのを、夏休み最終日に発見したのです。わが子のほったらかし状態が招いたことだと猛反省。こんな時、みんなどうしているのだろう……と周囲を見渡してみると、学童保育に入れるほどの働き方をしていないから、普段は習い事に行かせたり、短時間の留守番ですませたりしているけど、長期

ふらっとスペース金剛の主な取り組み
する！
（子育て支援事業）
女性のエンパワメントを目指す！
（エンパワメント事業）
・できること登録
・ふらっとギャラリー
・わたし時間
・講座
OK.

子育てママを支
・ほっとひろば（富田林市つどいの広
・預かり保育
・出張保育
・一緒に子育てヘルパー
・児童の安全確認業務
・家庭的保育「Kotona
地域づくりを応援する！
・子どもわくわく体験隊
・子どもわくわく体験隊ジュニア
・夏休み寺子屋
・春休み寺子屋
・ふらっと文庫
（子どもの居場所づくり事
I am
You ar
We are
all O

休暇になると困る、という人たちが意外と多いことがわかりました。私だけの悩みじゃなかったんだ！

翌２００７年の夏休みから、大阪大谷大学の学生の力を借り、リベンジのごとく**「夏休み寺子屋」**をはじめました。

このことは、子育てをしながら安心して働ける場を作る必要がある、ということを考え始めるきっかけになりました。「ほっとひろば」では、子ども連れでスタッフに入ることは日常的になっていましたが、「夏休み寺子屋」は子どもをほかのスタッフに任せて、みんなで働くという挑戦でもありました。

この年の秋から**「一緒に子育てヘルパー」**事業を開始しますが、これもひろばのとある利用者の悩みからスタートしました。２人目妊娠中に切迫早産で入院しないといけなくなり、保育所入所の手続きもしましたが、お父さんだけでこの事態を乗り切るのは難しい。朝は仕事前にお父さんが保育所に送り、お迎えは「ふらっと」からスタッフが行き、晩ご飯とお風呂を済ませてお父さんの帰宅に合わせて自宅に送りました。また、お母さんが急病で亡くなり父子家庭になった子どもの晩ご飯づくりに通ったこともありました。預かり保育だけではなく、それぞれの家庭のその時々の状況にあわせた支援の必要性が高まってきていたのです。困りごとは個々によって違いますが、子育てをしている中で、困りごとがない家庭はない。手伝いができる範囲で個別に対応する支援を事業にしよう！というのが「一緒に子育てヘルパー」事業開始の

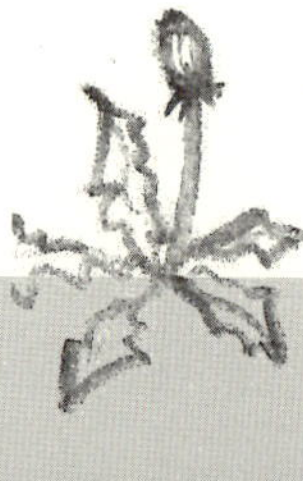

きっかけでした。2018年現在では、養育支援家庭訪問事業として千早赤阪村、太子町、富田林市から委託を受け、育児ヘルパーの派遣もおこなっています。

女性が安心して働き続けられる場を

次のハードルは、社会保険加入を果たすことでした。

2007年に私を含めて3名が社会保険に加入し、フルタイムで働く道を選択しました。学生ボランティアとして関わっていた一人の学生が「就職活動はしません。ふらっとスペース金剛で働きたいです」と申し出たのがきっかけでした。働く場をつくる、と言ってはきたものの、10万円にも満たない月収入で社会人1年生を雇うわけにはいかないと戸惑い、チャレンジ精神旺盛な私もさすがに躊躇しました。

そんな時、スタッフの奥田さんが家を出ることを決意し、子どもと生活していくためにフルタイムの仕事を探すという相談を受けました。女性のエンパワメント（人が本来持っている力を湧き出させること）を目指すと言いながら、自らを養うこともできないままの法人でいいはずがない。またまた私の背中をドンと押してくれる人たちのおかげで、お金の算段、理事への説得に力が沸き、一緒に壁を越えることができました。

事業所名称が『ふらっとスペース金剛』と書かれた番号1の健康保険被保険者証を

手にした時、社会人と認められたような感激がありました。何度も何度も眺めながら、奥田さんには「ふらっとスペース金剛」の年金受給者第1号になってほしいと切に願いました。

大きな事業をやりとげることでひとつになる

4ヵ所の「つどいの広場事業（現在は地域子育て支援拠点事業）」を運営し、落ち着くのかと思いきや、2010年、「ひろば全協」の理事に就任しました。「大阪つどいの広場ネットワーク」の代表も同時に引き受けたことで、外に出ていくことがますます多くなりました。留守を守る人がいてくれたから、実現したことだと、落着きのない私はとても感謝しています。一方で、私の目の届かないところでスタッフ間のもめごとやトラブルが起こるようになってきました。働き方の違いによる些細な食い違いや損得でいがみ合うのは馬鹿馬鹿しいのですが、そういうことは残念ながら組織内ではよく起こることでしょう。「ふらっと」も例外ではありませんでした。

そこで、「事業担当者」という名の責任者を置き、自分の仕事に自信と誇りをもてるような仕組みの実践を始めました。また、組織の中のことばかりではなく、外の世界にも目を向けるように促しました。そして、当時担当だった大阪府職員の中俊宏さんのやる気にもずいぶん助けられ、全国各地で開催されていた全国セミナーの大阪開

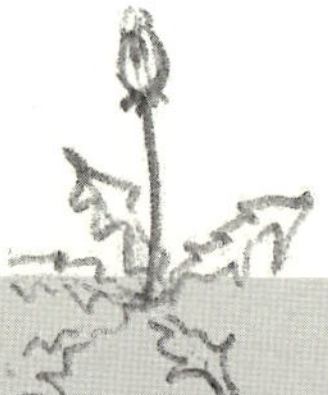

催に向けて動き出しました。

２０１１年、東日本大震災のあったその年の11月、実行委員長の私がストレスで声が出なくなるという失態の中、スタッフが一丸となってがんばったおかげで、「第10回子育てひろば実践交流セミナーinおおさか」は、８８８名の参加者を全国から迎えて開催することができました。自分たちの事業が全国で展開されていることに気づいてから、スタッフの意識がずいぶんと変化したように見受けられてうれしく思いました。率先して外部の研修にでかけるようにもなり、積極的に外の人たちと交流するようになっていきました。

自分たちのしてきたことを確かめたい

10年という節目の年を前にしたとき、私たちが実践してきた子育て支援は、母親にとってどんな効果があったのか、子育てしやすい社会のために成果をもたらしているのか、客観的な視点から振り返る必要を感じました。

２０１３年4月、大阪市立大学の社会人大学院に行くことを決めました。仕事をしながら夜に通うスタイルのため、2年間協力してほしいというわがままを許してくれた家族にもスタッフ仲間にも感謝しています。

修士論文「母親の育児不安解消における地域子育て支援拠点事業の効果―利用者ア

ンケートを通じた測定と検証―」では、私たちが取り組んできた事業が、仲間づくりや情報交換の場所として、高い効果を上げていることを確認できました。

一方で、育児の手助けや負担感の軽減には十分な効果をあげていなかったので、ヘルパー事業や一時預かり保育など、具体的な手助けの必要性がいっそうあることも見えてきました。また、漠然とした不安を抱えている母親に対しては、自分自身に自信を持てるような取り組みの必要性も浮き彫りになりました。

チャレンジと失敗を繰り返しながら

その間の「ふらっと」では、子育て中だからこそできることを発揮していこうと、商工会の助成を受けて、子育てママの商品開発事業にチャレンジしました。母親であり、生活者である視点を商品にとり入れていこうという試みでしたが、アイディアを商品にし、販売するということに関してあまりにも素人すぎたので継続を断念することになりました。この事業だけでなく、生まれては消えていく事業はいくつもありました。

せめて宿題だけでもきちんとやってほしい……と企画した「土曜日しゅくだい塾」は、子どもたちからの「なんでせっかくの土曜日に宿題しなあかんの」という不評で終了。大阪大谷大学の学生さんたちの力を借りて、「ふらっと寺子屋」を週に2回実

施していましたが、学習支援事業が制度化されたことを機に、私たち以外の担い手がいるならお任せしようと、これも終了しました。母親のエンパワメントを目的に、開設当初から続けてきた「子育て応援講座」ではファシリテーターとして峯さん、上村さんらが活躍してくれましたが、市の助成が終了して現在は休止中。ほかにも、山ほどの講座が企画され実施されてきましたが、現在開催しているのは「親子ふれあい体操」だけとなっています。

チャレンジの数も膨大ですが、失敗の数もめっぽうあります。失敗をおそれず何事にも挑戦して突き進む姿勢を教えてくれた先輩方が応援してくださったこと、根気強くつきあって実行してくれるスタッフたちがいたことが、数々の成功と失敗を支えてくれています。仕込み期間が長く、まだ実現していない事業もありますが気にしません。決してあきらめないで、機会が来るのを待つことが肝心。全速力で猛ダッシュが必要な時と、気長に気楽に温めておくことが大事な時があるのです。

現状にあった支援事業を

この15年間で、利用者の状況が変化したことのひとつに、育児休業から職場復帰していく母親が増えたことに加え、パートタイムも含め新たに就労する母親が増加したことがあげられます。

富田林市に待機児童はないというけれど、利用者さんとのやりとりから受ける印象はずいぶん違います。それが「家庭的保育」を考え始めるきっかけとなりました。一方で24時間休みなしの子育てに疲れ、働きに出たいという声もたくさん聞きます。また、子どもが集団生活になじめないかも、と不安がる声もあります。子育て支援の延長ととらえる保育事業があってもいいと考えるようになりました。

２０１８年４月に誕生した**家庭的保育事業「Kotona（ことな）」**の責任者となる奥田さんをはじめ、スタッフの川畑さんらは5年前から研修や見学をして準備をしてきました。なんとも仕込み期間の長い挑戦です。ＵＲ都市機構の店舗で実施するこの事業の準備には、「ふらっと」ならではの苦労話がありますが、それを書き出すと本がもう１冊できそうなので、ここではやめておきましょう。

さらに、児童虐待の相談件数の増加をうけ、大阪府が**児童の安全確認業務**の民間委託を２０１７年に始めたので、あまり深く心配することもなく手をあげました。とんでもない領域に手を出したように受け取られることもありますが、私たちが実践してきた子育て支援の延長上にあると考えています。関西大学の山縣文治先生がおっしゃっていた「ひろば事業はお招き型の子育て支援」にならって言えば、この業務は「お出かけ型の子育て支援」であって、関わり方こそ違うけれど、目の前の利用者に寄り添う姿勢は変わりません。「ひろばと全く違う」と実施する前には不安でいっぱいだったマネージャーの宮本さんは、今では「ふらっと」が安全確認業務をおこなう意味は、「必要な子育て支援情報を届け、支援サービスにつなげること」と自信をもって話しています。

今後、家庭的な支援やお出かけ型の支援も広がっていくでしょう。そして、私たちの実践経験がその展開に役だっていくだろうと想像しています。

大事なことは変わらない

さて、代表理事としての私の次なる役割は、次世代にバトンをつなぎ、ずっとずっと続いていく「ふらっとスペース金剛の未来」に期待すること。私が先輩たちにしてもらったように、新たな「ふらっとスペース金剛」を見守り応援すること。

15年前に2ヵ月の赤ちゃんを連れて「ふらっと」を利用していた廣崎さんは高校受験の話題をする3人の母となり、理事として法人の運営を担っています。利用者時代を知る当時の厚生労働省少子化対策企画室長度山徹さんが、「貫禄ついたね」と驚く成長ぶりです。

すっかり古株の勝山さん、田中さんはこの春からは常勤職員として社会保険に加入します。自称「バーバーズ」の竹原さん、三木さんは、若いママたちのよき相談者として活躍してくれています。内田さんのように、利用者から親子ボランティア、そしてスタッフへとステップアップした人も多く、今ではスタッフの約半数が元利用者で

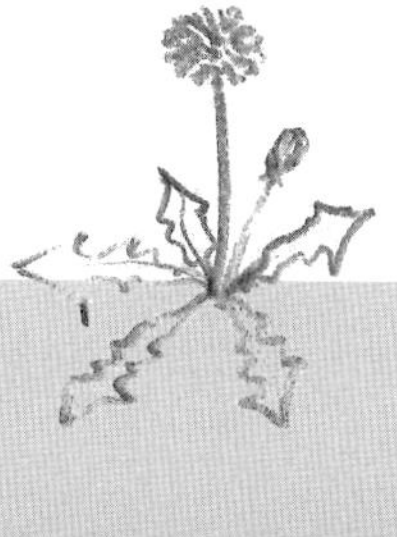

す。
２０１７年の恒例の忘年会で、子どもたちがワイワイと遊ぶ横で、大人たちがガヤガヤしゃべっている光景を久しぶりに眺めながら、15年前「ふらっとスペース金剛」を立ち上げた仲間たちの姿を重ね合わせました。そして「ふらっとスペース金剛」の原風景だと感じ、大丈夫だ！と心から思えました。

時代は変化していくけれど、大事なことは変わらない。私はわたしであっていい。あなたはあなたであっていい。私たちは考え方も、思いも、経験もなにひとつ同じことがないくらい違うけど、それでいい。自分を大事にするのと同じように、人を大切にすることをあきらめなければ、きっとそこは安心した居場所になると信じています。

第2章

私たちはみんな落ちこぼれママだった

「ふらっとスペース金剛」を立ち上げた女性たちが、当時どんな悩みを抱え、どんな思いでこの活動に関わったのか、広報担当の原井メイコがインタビューしてきました。
今まさに子育ての悩みを持っているママたちや、何かを始めたい！と考えている女性たちへのエールとなること願っています。

いい嫁、いい母でいようとがんばりすぎて睡眠不足でノイローゼになりそうな日々でした

巽 真理子さん

「ふらっとスペース金剛」立ち上げ時のメンバーであり、NPO法人となった2004年度から2007年度まで副代表理事。その後、大阪府立大学の大学院に入学。2011年、同大学に設置された女性研究者支援センターのコーディネーターとなり、2017年からダイバーシティ研究環境研究所の特認准教授。

原井　巽さんとの出会いは生協活動。「あいあい」も一緒にやってたし、富田林市の女性問題アドバイザー養成講座も一緒に受けました。当時の思いを教えてほしいんだけど。

巽　とにかく、子どもを連れて出かけられる場所を探してた。

妊娠した時、つわりがきつくて、なかなか外に出られなくて、プラス三世代同居で。すごく辛いのにいい嫁・いい妻しようとしてがんばりすぎてた。上の子が生まれたあとは、とにかく寝ない子だったんで、睡眠不足でノイローゼみたいになったり。言葉が出てこないぐらい追いつめられてたのに、笑顔を絶やしちゃいけない、と思い込んでて、笑顔だけ貼り付いてる状態。

ある時、トイレの中で笑ってる自分に気がついて、そんな自分を「怖い」って思った。このまま家の中

に引き込んでたら、私はダメになると思って、それで、上の子が一歳半ぐらいになった頃から、外へ出始めるようになったんだよね。

生協活動に参加するようになったきっかけも、最初は「試食会に来ませんか、子連れでも大丈夫ですよ」って言われたのがきっかけだったし、児童館や公民館でやってた子育て講座やジェンダーの講座にも行ってみた。

原井　「ふらっとスペース金剛」を立ち上げることになって、みんなで家賃を毎月5千円ずつ負担することになって。けっこう大きな負担やったと思うんやけど、それでもやってみようと思ったのは？

巽　岡本さんとか原井さんとか、よく知ってるメンバーもいて、一緒に何かやるんだったら私も入りたいな、場所があるならやってみようか、ぐらいの気持ちだったと思う。それと、自分の居場所が欲しいという思いもあったよね。あの頃は専業主婦だったたし、「子連れで居られる自分の場所」が欲しかった。

でもまあ、あんまり難しいことは考えてなくて、「ふらっと」になってからもサークルのノリだったよね（笑）。でも、毎月5千円ずつ出してた頃は、やっぱり「この状態がいつまで続くんだろう」「団体としてこれでいいんだろうか」という想いはあったかな。

原井　「ほっとひろば」がスタートして、富田林市の委託事業に

なって……っていう、基礎の部分を作ったメンバーのひとりが巽さんだと思うんだけど、あの頃はどんな思いだった？

巽　あんなに利用者が増えるとは思ってなかった。「子育て、大変だよね」「親支援、必要だよね」っていうのは、「あいあい」の仲間や女性問題アドバイザー養成講座を一緒に受けた仲間の中では共通認識としてあったけど、本当に必要としてくれる人が、この地域だけでこんなにいるんだっていうのは、ちょっと意外だったかな。「しんどかったのは私だけじゃなかったんだ」って思ってうれしかった。

子育て支援をすることで、あの時の自分を癒してる

原井　子育て支援の仕事の、どこにやりがいを感じてた？

巽　今、大学の中で、子育てや介護を抱えている女性の先生たちのお手伝いをしている立場なので、今もそうなんだけど、子どもを抱えて困っている人の手助けをすることで、あの頃の自分を助けてるみたいな気がする。自分自身を癒してるというか……。

原井　深いね……。

巽　逆に、ちょっと距離をとって、やり過ぎないようにしてる。関わりすぎず、見守るっていうやり方は「ふらっと」から学んだし、「一緒にいるだけでいいんだ、そういう支援があるんだ」ってことを知ることができたのはよかったかな。

支援って、ついついやりすぎてしまうんだよね。でも、それって、支援される側の力をそいでしまうこ

とにもなるから。
原井　「ふらっと」ではベビーサインの講座をやったり、新しいものを取り入れて実践していく人……っていうイメージがあったんだけど。
巽　ベビーサインは、下の子に試してみて、めちゃめちゃラクだったから、みんなにも伝えたいと思って。
「ふらっと」と平行して、CAP（子どもへの暴力防止）プログラムとか、ノーバディーズパーフェクトっていうカナダの親支援プログラムとかも勉強してて、それは自分の子育てがしんどかったからなんだけど、「ふらっと」のスタッフやってて、「こういうのを伝えられたら、あの人もラクになるのに、この人も変わるのに」っていうもどかしさもあったかな。「ほっとひろば」は、ノンプログラムが基本だったから。
原井　「ふらっと」を辞めたのは、そういう勉強をしたかったから？

2003年7月、みんなで手こね石けんづくり。右が巽さん。

巽　「ふらっと」のスタッフ養成講座を岡本さんとふたりでやってたんだけど、ある時、時間の都合かなんかで、岡本さんがジェンダーの説明をとばしたことがあったんだよね。私は、ジェンダーを知るのはものすごく大事なことだと思ってて、どんなに時間がなくても絶対に伝えてほしいと思ってたから、そのあと岡本さんといろいろ話したんだけど、なんかジェンダー視点の大切さをうまく言えなくて。その時に、「もっとちゃんと勉強しないと自分の想いを伝えられない」って思ったんだよね。

その頃にたまたま大阪府立大学の女性学研究センターがやってた講演会があって参加したら、過去の講演会の講演録が「ご自由にお取りください」って置いてあって、いくつかもらって帰って読んでみたら、自分が勉強したいと思っていた子育てのケアについて語ってる先生の講演録があって。それで、ちゃんと勉強してみたいと思って大学院入試を受けました。

原井　勉強したいと思っても、実際に行動するのって難しいことだと思うし、試験を受けるってすごい決意が必要なことだと思うんだけど。

巽　父が体調崩して入院したりして、「ふらっと」にあんまり関われなくなって、「ほっとひろば」の担当をはずれた時期があったんだよね。その間に「出張ひろば」が始まったりして、スタッフも忙しくなってきて、働き方も変わってきた。子連れで、自分のペースで働ける場所だったはずの「ふらっと」が、知らないうちに毎日出勤しないといけない場所になってて、これはちょっと違うなって思うようになって、私はこれからどうしよう……って考え始めたんだよね。

大学院入試を受けるって、もちろんハードルの高いことだったんだけど、「次のステップを考えなきゃ」っていう気持ちがあったからできたんだと思う。

「ふらっと」でやったことも、会社勤めしてた時の経験も、ぜんぶ活かされてる

原井　大学院入試に合格して、修士課程のあと博士課程も修了して、今や特認准教授……！

巽　博士課程に上がってすぐの頃に、府大に女性研究者支援センターができるというので、教授から「コーディネーターをやる？」って声をかけてもらって、４年半そこにいました。そのあとダイバーシティ研究環境研究所ができて、２０１５年からそこのコーディネーターに。２０１７年の春から特認准教授です。「特認」っていうのは、常勤じゃないけど准教授って名乗っていいよ、っていう意味（笑）。

原井　具体的な仕事内容は？

巽　簡単に言うと、女性教員が、子育てや介護があっても研究が続けられるようにお手伝いする仕

2006 年 8 月、金剛山キャンプ。前列左から 2 番目が巽さん、
膝に寄りかかってるのが下の子の渉悟くん。

事。大阪府立大学には学内保育園も設置されてる。あと研究を手伝う人材を派遣したり。今日はさっきまで、スキルアップセミナーをやってました。女性研究者のステップアップのお手伝いもしてます。

原井 教授が「コーディネーターに」って声かけてくれたのは、なんでやったん？

巽 「ふらっと」で子育て支援をやってた経験があったのと、子育てについて研究してるのがその教授のゼミには私しかいなかったから。あと、TA、ティーチングアシストっていう、授業のお手伝いをする学生アルバイトみたいなのもやってたんだけど、「その時の仕切りがうまかったから」って言われた（笑）。「ふらっと」や、ほかの団体でのイベントの経験もあったしね。若い頃に会社でやってきたことも、「ふらっと」で身につけたスキルも、いま活きてる気がする。

今のイクメンブームに、危うさを感じてます

原井 じゃ、いまは楽しい？

巽 大変だけど、面白いよ。ここでの仕事は1年ごとの更新だから不安もあるけど、研究は続けていきたい。研究者としてはまだまだ若造なんで（笑）、ちゃんとやりたいっていうのはあるかな。

研究テーマは、「父親の子育てとジェンダー」。お母さんの子育てとジェンダーについて研究してる人は多いんだけど、お父さんの子育てについてやってる人は、あんまり日本にはいなくって。

私はいまのイクメンブームがとても危ういなと思ってて。実際に子育てしてるお父さんにインタビューに行ったんだけど、そういう人たちって地に足着いてるというか、おしゃれだからやってるわけでもない

し、ほめられるからやってるわけでもない。「親だから」やってる。すごくシンプル。

でも、今のイクメンブームとか、政府がやってるイクメンプロジェクトもそうなんだけど、なんていうか、妻や子どものために「やってあげる」っていう上から目線だし、お父さんが長時間働いた上で片手間で子育てする、みたいなのが見え隠れするんだよね。

スウェーデンに調査に行ったら、お父さんがフツーに子連れで平日の昼間に街を歩いてた。でも日本はまだまだ、「男は男らしく、長時間働く」っていうところから抜けられない。社会の仕組みが変わらなければ、子育てしたいお父さんも関われないし、お母さんもしんどいままだよね。男性が無責任とか、家庭でどう役割分担してますかとか、そういう個人の問題じゃなく、社会の問題なんだっていうことが、ちゃんと研究してみてわかってきた。そういうところをガンガン叩いていきたい（笑）。

２０１８年の春には、博士論文が本になるのでよろしくね。タイトルは『イクメンじゃない父親の子育て』（笑）。

原井　いいやん、そのタイトル！　楽しみにしてます。

ジェンダーとは何か、支援とは何か……
「ふらっと」でいっぱいしゃべったことが今の基盤に

三好 さゆりさん

「ふらっとスペース金剛」立ち上げ時のメンバーであり、2009年までスタッフとして勤務。NPO法人となった2004年度から現在まで理事、2008年度から2014年度までは副代表理事。現在は会社員。

原井 「ふらっと」に関わる、最初のきっかけは？

三好 児童館の講座で巽さんと知り合ったのがきっかけ。巽さんから「みんなでお茶したりできるよ、子連れでも行けるよ」って誘われて「あいあい」のメンバーになり、「ふらっと」にも運営メンバーとして参加しました。

その頃は子育てが行き詰まってて、自分の感情のコントロールができない状態。長女との関係が、母との関係とフラッシュバックするというか、自分自身が母にされてイヤだったことを子どもに返してる。そんな私を「とめてほしい」って夫に頼むような、そんな状態やった。

原井 感情のコントロールが出来ないってことは、子どもに手を上げてたってこと？

三好　うん。うちの長女って、何かを訴えてギャーって叫んでくるようなタイプじゃなくて、叩かれそうになってもじっとこっちを見てくる。その目を見るのが、自分を失う瞬間やった。

その頃は、家と「ムラ」と幼稚園を行き来するだけで、「自分」として居られる場所がなくて。知らない土地に嫁いできて、接する大人はみんな、夫の親戚とか、夫の友だちとか、「向こう側」の人。「自分側」の大人、自分が自分でいられる知り合いがいなかったんだよね。その頃は、セールスマンやら保険の外交員の人としゃべれるだけでもうれしかったの、すごく覚えてる。

原井　じゃあ、「ふらっと」が居場所やったわけやね。

三好　正直、最初はわけがわからないまま、「行ける場所ができた」っていう感覚で参加してた。でも、もともと何かやりたいほうやったし、活動内容にも興味がわいてきて運営メンバーに。

自分が子育てに追われてた頃って、ご飯食べてもコーヒー飲んでも、食べた気がしない、飲んだ気がしない。

だから、子どもはママからちょっと離れたところでスタッフと遊んでて、ママにはゆっくりコーヒーを飲んでもらうっていう「ふらっと」の活動は、ホントに「いいことやなあ」って感じで（笑）。子どもとちょっと離れて、ゆっくりしてよね、って思ってた。

ただ単に保育しますよ、とか、子どものために何かしますよ、じゃなく、母親のために、っていうのが、やりがいあったよね。子どもは勝手に大きくなるやろ、っていうのが、頭のどっかにあったし(笑)。

原井　「ふらっと」では「できること咲かせましょうプロジェクト」の担当スタッフとしてがんばってくれてました。ママたちも自分の得意分野を活かして活躍できるように……ってことで「できること登録」をしてもらって、その登録者を講師に招いてビーズアクセサリー講座を企画したり、ベビーマッサージをやってもらったり。

三好　あれは、ホントに自分を成長させてもらえた仕事やったし、すごく楽しかった。何かやれる人を見つけて、その人と一緒に講座を組み立てていく、あの過程は、今でも役に立ってるよ。

今は「ふらっとシェアルーム」(※会員間の交流の場として2013年開設)ができて、「わたし時間」っていうイベントも開催して、いろんな人が登録して、自分のやりたいことを実現してるやん？　あれ見てると「ちゃんと形になったんやなあ」って、うれしくなるよね。

支援とは何か、ジェンダーとは……とにかくいっぱいしゃべったよね

原井　逆に、しんどかったことは？

三好　なんの話やったんかはもう忘れたけど、岡本ちゃんとふたりでしゃべってて、「もう三好ちゃんに任せるから」って言われたことがあって。でも上の立場に立ちたくなくて、それでスタッフを辞めた

（笑）。

ちょうどその頃、家を出ることも考えてたから。離婚を考えてる以上、「ふらっと」の仕事だけでは生活していかれへんかったし、いま責任を持つ立場になるのは、ちょっと無理やと思ってん。

元夫は祭りが大好きで、地元に友だちががっつりいるタイプ。私なりの理想もあって、一緒に買い物行ったりとか、そういうこともしたかったけど、元夫は「行ってくるわ」って出かけて、探しに行ったらだんじり小屋にいたり（苦笑）。

子どもたちが自立したあと、この人は自由に生きてるだろうけど、私には介護が待ってるだけ。最後に「自分の人生よかったな」って思いながら死にたいって思ったら、生きる場所はここじゃないなって思って、結局家を出ました。

私の住んでた地域ってすごく「ムラ」意識の高いところやと思うねん。どこへ行っても「私」

2004年2月、教師を目指す大学生による理科実験教室を開催。奥が三好さん。

じゃなくて、「〇〇の嫁」。もちろん、それで助けてもらえることもあったけど、私としてはやりにくかった。「ふらっと」でやりにくかったのは、それもあるかな。「〇〇の嫁が、何かやってるで」って、なるねん。

「ムラの嫁」って、人権ないっていうか、「嫁に来てんから、従って当たり前」の世界。「ふらっと」に入ってから、支援するとはどういうことか、とか、ジェンダーとは何かとか、そういう話を岡本ちゃんからいっぱい聞いてんけど、特にジェンダーについてしゃべれたのは、私にとってはすごく大きいことで、一生懸命「嫁」してた頃に「その囚われがジェンダーやねん！」みたいに言われて、目からウロコやってん。

「ふらっと」にいたころはがむしゃらで、とにかくずっと走ってた感じやったけど、岡本ちゃんたちといっぱいしゃべって自分を振り返ることができたのは大きかったかな。うわべだけの自分じゃなく、すごく深く掘り下げたところまで話したりもしたから。少々のことではめげなくなったし、精神的にすごく強くなった。

まあ、なんやかんや言うて、楽しかったな。なんか突拍子もないことする岡本ちゃんを見てるのも面白かったし（笑）、「次、何すんねやろ」って思うことがいっぱいあって、楽しかった。

I am OKの循環を、地域にも広げられたら

原井　今でも理事としての関わりは持ってくれてるわけやけれども。ちょっと外側から見た「ふらっと」

は、どう見えてる?

三好 「でかくなったもんやなあ」って（笑）。あの頃からは想像もでけへんぐらい、大きくなった。あと、スタートした時の不安定な状態から比べたら、揺らがなくなったイメージはある。「安定した」とまでは言わないけど、確実に拡大してるし、定着したものもあるし。

安定は……まだしてないかな。私らがやり始めた「I am OK. You are OK. We are all OK.」っていうのがひとつ大きな柱としてあって、それがひとつひとつの事業だけじゃなくて、どの事業にもぜんぶつながって、ぐるっと循環して初めて、安定と言えるのかな。それが理想やねんけど……なってる?

原井 だいぶ近づいてきたと思うよ。「ふらっと」を利用してエンパワメントされたママたちが、親子ボランティアで関わってくれたりスタッフになってくれたり、「できること登録」してハンドメイド作家さんになって、「わたし時間」に出展してくれたりもしてる。「ふらっと」で育った子どもたちがボランティアに来てくれることもあるし、三好ちゃんの娘ちゃんも、赤ちゃん連れて来てくれたし（笑）。

三好 そういう循環がどんどん大きくなって、「ふらっと」だけじゃなく地域にも広がっていったら、「ムラ」意識も変わるのかなあ……なんて思ってます。

子どもが生まれたとたん、行く場所がなくなって近所のスーパーをずっと徘徊してました

西峠《にしさこ》 祥子さん

「ふらっとスペース金剛」立ち上げ時のメンバーであり、2004年度から2005年まで理事・スタッフ。現在は、「ふらっと」と同じエリア内にある富田林市第3圏域地域包括支援センターで社会福祉士として勤務。

原井　西峠さんが子育て支援にかかわったきっかけは？

西峠　生協の商品カタログと一緒に福祉についてのアンケートが入ってて、それに答えたら「福祉に興味がある方、集まりませんか」って声がかかってん。その会議で「子育てサークルをやっていきましょう」っていうことになって、「あいあい」に参加するようになったのが、最初のきっかけ。

原井　福祉アンケートに答えたってことは、当時から福祉に興味があったってこと？

西峠　子どもがまだ小さかった頃に、夫の親がふたり続けて入院したことがあって、和歌山の田舎の病院やから付き添いが必要なんやけど、うちはまだ子どもも小さいし、預けるところもなくて、ものすごく困って、「どうしたらええねん！」って怒ってて（笑）。

その頃に、大学の通信教育の新聞広告で「社会福祉」って書いてあるのを見て、受けてみようかな……って。

原井　じゃあ、私と出会った頃には、もう大学で福祉の勉強してたんや。

西岬　うん。「社会福祉士の資格が取れるコースもありますよ」って書いてあったんで、「じゃあ取っとこうか」って軽い気持ちで受けたけど、卒業するのに8年かかった（笑）。途中の2～3年、教材が箱に入ったまま、っていう時期もあったしね。

原井　西岬さんの子育ては、どんな感じやったん？

西岬　子どもが2歳ぐらいまでは、団地の5階に住んでて、そこに引きこもるっていう、典型的な孤立育児。5階から下まで下りるのもしんどいし、公園に行ってもあんまり子どももいてなかったなあ。公園にいるおばちゃんとはしゃべったけど、ママ友を作るっていう、そういう雰囲気でもなかった。

近所のイオンに行って、ベビーカー押して徘徊してた（笑）。そうすると、おばあちゃんとかが声かけてくれるねん。それがうれしいっていうか、ほっとするっていうか。

別に買うものもないし、用事もないねんけど、子どもを連れてウロウロ。飽きたら外の公園に行って、また戻ってきて。はたから見たら、ほんまに「徘徊」やったと思うよ。

団地のあの重い扉を閉めた瞬間に、社会から切り離されてる感がすごくあるねん。それまでは、学校へ行って勉強して、会社へ行って仕事して、って毎日行くところがあったのに、出産したとたんに行くところがなくなる。

原井　けっこう悶々としてたんや。

西岼　だから、「あいあい」が始まって、行くところができてうれしかった。みんなで子連れでケーキ食べに行ったりもしたよね。ただただ集まるっていうのが楽しかったし、講座を企画して、児童館やら公民館やら、「どこか貸してくれる場所ない？」って探し回ったりしたのも、いま思えば楽しかった。

原井　そのあと「ふらっと」がスタートした時には、毎月5千円の家賃を負担して、理事もスタッフもやってくれてました。

西岼　5千円出してた？　私も？　そのへんはもう、全然覚えてないわ（笑）。

「ほっとひろば」を始めることになって、みんなで新しい壁紙を貼ったり、ベランダのコーキングしたりしたよね。あれは、すごく覚えてる。大変やったけど楽しかった。

それに、ママたちにお茶を飲んでもらう場を提供できるっていうのが、うれしかったよね。自分の子どもが小さかった時にはできないことやったから。

でもな、そもそも私、子どもキライやねん（笑）。子どもが生まれて、苦手やのに向き合わなあかんかったから、こういう場所があって助かったけど、息子が幼稚園に行き始めてちょっと余裕できたら、なんか「ここでやること、ないんちゃうか」みたいな感じになって。

ほかのメンバーはみんなそれぞれ「私、これがやりたい！」っていうのを持ってるように見えて、なんか居場所がないように思えてきて、それで辞めてん。

原井　そうやったんや。西岼さんが子どもが苦手っていうのは、知らんかったなあ。

西岼　保育とかは苦手やし、断ってたんちゃうかな（笑）。「ふらっと」でママたちにお茶出しておしゃべりを楽しんでもらって、っていうのは、共感できる部分やったし楽しかったけど、だんだん組織が整ってきて、スタッフも増えて、役割分担もできてきた時に、自分にはやることがないように感じたんだよね。

思いついたことは何でもやるタイプかも

原井　「ふらっと」を辞めたあとは？

西岼　いろんなことやったよ〜。福祉ワーカーズ・コレクティブ「はんど」の事務局やったり、代表もやったし。

2004年7月、「子どもわくわく体験隊」のメンバーで、ほの字の里（大阪府貝塚市）へ遠足。左が西岼さん。

そのあと、「けあぱる」（富田林市ケアセンター）の中にある地域包括支援センターで、産休に入る人がいるってことで、1年だけ働いた。

地域包括支援センターの仕事は、高齢者の福祉やねんけど、その高齢者には精神障害のある子どもがいて……っていうケースも実は多いねん。でも、精神障害者にどう接したらいいのか、まったくわからなくておどおどしてた。それがきっかけで、精神保健福祉士の勉強も始めて。

その流れで、知的障害者の生活介護の施設で働いたこともあった。職員の顔見ながらわざと道路に飛び出す18歳の男の子をダッシュで追いかけるとか（笑）、仕事自体は楽しかったんやけど、やっぱり体力の限界を感じるようになって、それでケアマネージャーの資格を取って、居宅介護支援事業所に就職。

地域包括支援センターが増員することになった時に、「けあぱる」の人に「もっぺん、ここの仕事やれへん?」って声をかけてもらって、現在に至る、やね。

原井　もう、やりたいこと全部やってる感じやけど（笑）、これからの夢とか、ある? 西岬さんが働いている第3圏域地域包括支援センターは、「ふらっと」と同じエリアでもあるし、何か協力してやっていけるようなことがあればいいな……と思うんやけど。

西岬　今の職場では高齢者の話を聞くのが私の仕事やねんけど、さっきも言ったように、そこにはやっぱり家族がついてまわる。例えば、子どもから虐待されてる、なんとかしてほしい、っていう訴えがある時に、子どもが小さい頃からの家族関係がものすごく影響してるねん。子どもにちょっとした発達障害があって、いわゆる「普通」の枠からはみ出してた場合、どう接すればいいかっていうのも今なら情報があるけど、昔はとにかく叱られて、叩きのめされるしかなかった。そういう人が大人になって、精神的な障害を抱えてしまって、結果として親を虐待してる、とかね。

そう考えると、高齢者の問題も子育ての問題と切り離されへん。高齢者、子ども、障害者って線を引いて考えるんじゃなくて、地域という大きなつながりで見ていかれへんのかなってずっと思ってて、そういうつながりの場としてやっていけるのは、実は「ふらっと」なんじゃないか、と思ってるねん。

今はまだ具体的なアイデアがあるわけじゃないけど、そういう視点を持った者として、将来的には何かしら「ふらっと」とつながりを持って活動していけたら、と思っています。

みんなが子育てママを支援したかったように私も「ふらっと」を応援したいと思っていました

福田　聖子さん

生協の地域委員として「ふらっと」の立ち上げに関わり、NPO法人となった2004年度から2007年度まで理事。立ち上げ当初は編集ワーカーズ・コレクティブにも所属しており、「ふらっとニュース」の作成を担当。現在は、介護福祉士としてNPO法人ワーカーズ・コレクティブ「はんど」の介護福祉施設で勤務。

原井　福田さんと私はちょうど10歳ちがいで、子育ての環境も私たちの時とは違うのかな……と思うんですけれど、立ち上げ当初はどんな思いで関わってくださってたんでしょうか。

福田　私たちの世代は、公園に行けば友だちもいるし、子育ての仲間もいっぱいいて、公園で遊んだあとは「じゃあ今日は◯◯さんちに行こう」ってお昼ご飯も一緒に食べたり。

そういう時代だったから、子育ての孤立感っていうのもあまりわからなかったんだけど、岡本ちゃんが、「マンションのベランダから子どもたちを落として、自分も死のうと思った」って言ってるのを聞いて、すごくズシンときたのは覚えてるわ。今のお母さんたちは、それぐらい追いつめられてるのか、って。

今の「ふらっと」の建物はもとは生協が借りて福祉の拠点にしていた場所で、移転したあともここで味噌作りとかお料理教室やったりして地域活動の拠点にしてたから、この場所に愛着もあったし、ここでつながった人たちがまた新しい事業をやるなら応援したいっていう気持ちがあって。メインで関わっていくことはできないけど、「応援したい、サポートしたい」っていう気持ちで関わってました。あなたたちが子育てするママを支援したいと思ったように、私はあなたたちをサポートしたいっていう、そういう気持ちだった。

原井 福田さんが長年取り組んでこられた生協活動には「子どもたちに安心安全な食を」みたいな側面もあるし、私たちが若いママたちに言ってきた「ご飯なんていい加減でも大丈夫だから、がんばりすぎないでね」みたいな言葉かけとかも、違和感あったんじゃないですか？

福田 「ふらっと」は一貫して、「お母さんが幸せでないと子どもも幸せになれないから、お母さんを支援しましょう」って言ってきてたけど、当時はまだその考え方は世の中に浸透してなかったでしょ。子どもを大切にしましょうとか、子どものために何かやりましょうっていうならわかるけど、女性のエンパワメント？ひろば？何それ？って感じで、なかなか理解できなかった。

でも、「○○ちゃんのお母さん」「○○さんの奥さん」だけじゃない、自分自身でいられる場所がほしいっていう気持ちはずっと持ってて、私の場合は、それが生協だった。今の家に引っ越してきたのと同時に始めた生協活動が、○○ちゃんのお母さん、○○さんの妻ではない、福田聖子としての意見が言えて、やりたいことがやれる場だったんだよね。

働く女性が増えてきて、班での受け取りができない……っていう理由で生協を辞めていく人たちがいて、じゃあそういう人にも商品を届けられるようにって、関西にはまだなかった個人配達を他の地域に先駆けて自分たちで始めたり。そういう意味では女性支援をやってきたわけだし、母でも妻でもない、自分自身でいたいっていう気持ちは同じだったのかもしれないね。

「ふらっと」のやり方は、エネルギッシュで見ていて気持ちいいくらいだった

原井　福田さんには、『ふらっとにゅーす』の作成にも関わってもらってました。

福田　二代目のロゴは私が作ったんよぉ。岡本ちゃんの校正が遅くてねえ。もう全部出来上がって、印刷の段取りとかもしてるところに直しを入れてくるから、かっちーんって（笑）。それはよく覚えてるわ。

原井　岡本ちゃんのほうは、NPO法人を取得する時に福田さんから「なんだかサイズの合わない服を着るみたいな気がする」って言われたのを覚えてるって、それはいつも言ってます。

福田　えっ、それは覚えてないわ（笑）。だけど、ここをNPO法人にしなきゃ！っていう雰囲気になっていくのを見てて、「がんばり過ぎてない？　大丈夫？」っていう思いはあったと思う。法人格を取得す

るって、すごく大変なことだと思ってたのに、ポンと飛び越えて行こうとしてたから。

でも、岡本ちゃんのパワーはすごかったよね。どんどんイメージが膨らんでいくし、そこに人を巻き込んでいくし。

だから、そんなに実務に携わったわけじゃないけど、「ふらっと」の会議に参加するのは楽しかったよ。

いつでも開いてるよ、オープンにしてるよ、っていうのが「ふらっと」の持ち味だと思う

原井　今ではお孫さんもいらっしゃいますよね。お嫁さんの子育てとか見てて、どうですか？

福田　最初はやっぱり孤立感がものすごくあったみたい。ずっと仕事してたから近所に友だちもいないし、公園に行ったって誰もいないし。「ふらっと」にも来たことあるんよ。

今は幼稚園の園庭開放なんかもあるし、子育ての環境もずいぶん整ってきたと思うけど、そういうのがない時代から先駆的にやってきた「ふらっと」って、やっぱりすごかったん

「子どもわくわく体験隊」の遠足に参加（右から２人目が福田さん）。

だなあと思うよね。それも、大阪の南河内っていう、こんな田舎の町から発信してきたわけだから。

それとね、ここ、最初の頃、ずっと玄関のドア開けてたよね？　あれ、すごくびっくりしたの覚えてる。この寒い日に、なんで開けとくのって（笑）。だけど、それぐらい、入りやすさを重視したんだよね。そうやってまわりの人に「いつでも開いてるよ、オープンにしてるよ」って。

それに、ニュースをあちこちに置きに行ってるのも、すごいなあと思ってた。公民館とか図書館だけじゃなくて、スーパーとか、誰でも行けるところに置いてある。まだインターネットもそんなに普及してない時代に、これだけたくさんの人に見てもらえるようにしたっていうのも、「ふらっと」をオープンな場所にしたいっていう気持ちなんだろうね。その一翼を担えて、私もちょっとは役に立ったかな（笑）。

あと、富田林ってすごいなあって思ってた。当時って、市民公益活動支援センターとかもできた頃じゃない？　今も「ひろとん」（市民活動わくわく広場inとんだばやし）とかやってて、市民活動がすごく盛んだし、それをサポートする体制もあるし。

「ふらっと」は、そういうところとの関わりもいっぱい持ってるよね。やっぱり、すごくたくさんの人が関わってくれて、ここが成り立ったんだなあ……と思うわ。

原井　最後に、これからの「ふらっと」に期待することを教えてください。

福田　これからも、いつでもここにふらっと入れる場所であってほしいっていうのは変わらないんだけど、それは子育てする人だけじゃなくて、例えば私なら、親や高齢者の方と一緒に来たり、孫を連れてきたりしたいな。人生っていろいろあるけど、ここに来たらくつろげる、なんか楽しいってみんなが思える、そんな場所であってくれたらと思っています。

より広く知ってもらうために

ふらっとスペース金剛は、スタートと同時にホームページを開設。月1回のニュースも発行し、公民館や児童館、地域のお店にも置かせていただきました。活動を紹介しやすいように、リーフレットも作成。

広報力を高めることは「誰でも利用しやすい」ことをアピールし、「どなた様もウェルカム」の想いを伝えることにつながっています。

●ニュース

月1回、A5版8ページのニュースを作成。

公民館や保健センター、幼稚園、近隣のお店など、75カ所（2018年4月現在）に置かせてもらっています。

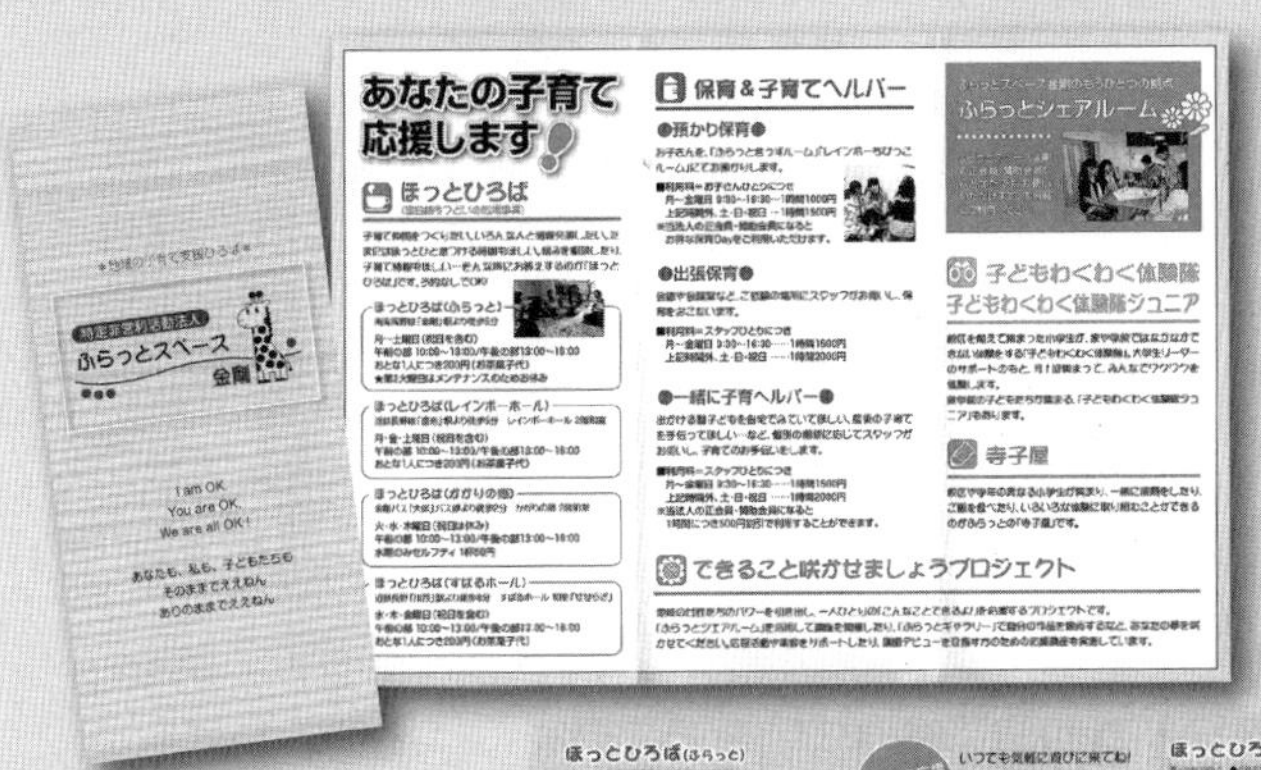

●事業紹介リーフレット

フルカラーで毎年1,000部程度印刷しています。

●「ほっとひろば」紹介リーフレット

富田林市から受託しているつどいの広場事業4カ所の概要を紹介。フルカラーで、毎年1,000～2,000部程度印刷しています。

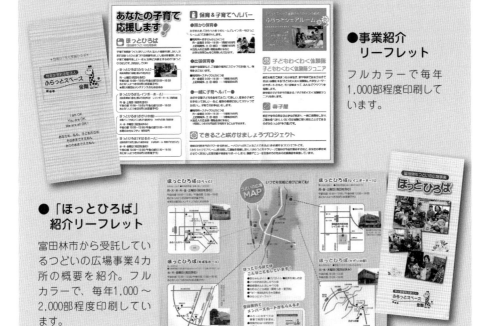

「ふらっと」は、私が思い描いてた市民活動そのもの失敗してもやってみよう！と言えるのが魅力です

小林 和子さん

生協の地域理事だった頃に「ふらっと」の立ち上げに関わり、NPO法人となった2004年度から現在まで理事。管理栄養士を目指して専門学校で勉強中。2018年春から始まる家庭的保育事業では、栄養士として献立作成を担当。

原井 まずは、みんなで5千円ずつ家賃を出し合ってここを立ち上げた時の気持ちを聞かせてください。

小林 岡本さんが、子育て支援にはやっぱり場所が必要だって言ってるのを聞いて、中心になってやってくださる人たちがそういうんだったら、やったほうがいいんじゃないかと思って賛同しました。志のある人が少しずつお金を出し合って子育てに何が必要かを考えていけば、いつかはちゃんとした事業になるんじゃないかっていう思いもあったし。その気持ちがなかったら投資できないし、それぐらいの気合いがないと起業できないんじゃないかな。

原井 今から思えば、設立当初はサークル気分が抜けないままだったなあって思うんですけど、いつかは事業としてやっていけるっていう確信みたいなものは、当時からあったんですか？

小林　時代が、子育てを支援していこうとか、女性が活躍できる場を拡充していこうとか、そういう流れになってきてたから、できるんじゃないかと思ってた。

子育てに悩んでる人、多かったもんね。ちょっと前の世代だったら助け合って子育てしてたけど、そういうのが全然なくなって、人の子どもをみててあげるとか、そういう横の連携がなくなってきてた。

あと、「あいあい」を生協のサークルで終わらせたくないっていう気持ちもあったかな。当時は「起業」っていう言葉は使ってなかったけど、そういう方向性にしていきたいな、とは思ってました。ワーカーズでもNPO法人でもいいんだけど、地域の中で自立した団体にしていきたいな、って。

原井　私は編集ワーカーズのメンバーとしてワーカーズ運動にも参加してきたんですけど、「ふらっと」のやり方はワーカーズとはぜんぜん違うな、と。ワーカーズは、編集にしても個人配達にしても、やっぱり生協の仕事がベースにあって成り立つという側面があったけど、「ふらっと」はもっと自立してたというか。

小林　生協もそもそも地域の中で必要とされ、社会的に認知されるグループを作ろうとしていました。でもワーカーズのほうは、生協の仕事以外のさまざまな地域事業へのチャレンジはなかなか難しいようでした。

だから、「ふらっと」が自分たちのやり方で速いスピードで進んでいったのは頼もしかったし、NPO法人にすると決めた時は斬新だと思ったよ。

「ふらっと」でやってることって、私がずっと思い描いてた「市民活動」のイメージそのものだったから、「ふらっと」に関わることで、自分の思いが解き放たれるような感覚がありました。

原井　「市民活動」って感じがするのは、どこらへんですか?

小林　子育てしてるお母さんの声が、直に聞けるってことかな。原井さんも、子育て大変って、よく言ってたよね。うちの子たちはもうちょっと大きくなってたけど、スタッフのお子さんたちはまだまだ小さくて、何が大変なのかってことを話してるの聞くと「こんなこと考えてるんだ」っていうのもよくわかったし、「じゃあ、こうすればいいんじゃない?」ってことが、自分たちですぐに実行できたよね。失敗したってやってみようって言える、自分たちの気持ちをタイムリーに行動に移せるっていうのは魅力的だと思うな。

残りの人生、やりたいことをやろう!と思って今は栄養士の専門学校に通っています

原井　2014年6月から2015年8月までは、ふらっとシェアルームで開催した料理教室「ごきげんキッチン」でも活躍していただきました。最初は子どもに安心・安全な食事を提供したいっていう小林さんからの提案だったけど、飲食を提供するのは設備の面で許可が取れないことがわかって、ならば親子で参加できる料理教室にしよう、ということになったんですよね。

小林　おいしいものを食べるだけじゃなくて、プラス子育てに活かしてもらえるように、栄養について参加された方と一緒にしゃべれたらいいな、と思ってました。生協活動でせっかく食のことも勉強してきたし、それが活かせられればいいかと思いました。

やってるうちにもうちょっと勉強したくなって、栄養士の専門学校に行くことにしたので、「ごきげんキッチン」はやめることになって申し訳なかったんですけど。

原井　最初、2年間勉強する、とおっしゃってましたけど、さらに勉強しておられるんですよね。

小林　栄養士の資格は2年で取れましたが、管理栄養士を目指してさらに勉強しています。

母が71歳で亡くなった時に、残りの人生やりたいことやって死にたいと思った。それができれば幸せやろな、って。それが私の場合は、旅行に行きたい、とかじゃくて、「好きなことを勉強したい」ってことやった。

やりたかったことをやってるから、毎日楽しいよ。新しいこともたくさん吸収できるし、今の若い人たち、ママ予備軍の人たちの考えていることもわかるし。若い人たちの2倍も3倍も勉強しないと覚えられないから、大変だけどね。いま「記憶力が良くなるガム」とか噛んでます（爆笑）。

ふらっとシェアルームで、ごきげんキッチンの準備をする小林さん（右）。

原井　じゃあ、卒業されたら、「小林食堂」にチャレンジしていただくとか？

小林　それはまだ、「ふらっと」の中でやるかどうかはわかりません。私が「小林食堂」をやるかどうかは別として、ひとつの組織がたくさんの事業をかかえて大きくなりすぎるとどうしても制約も出てくるし、やりたいことがある人にのれんわけしていくっていうやり方がいいんじゃないかなあ。「ふらっと」があったから新しいことが生まれたと言いたいです。

これから「ふらっと」に新しい人がどんどん関わってきて、世代が変わってくれば、どうしても考えのズレが出てくるんだけど、そのズレも大事で、そこをちゃんとキャッチするのも大切なんじゃないかと思う。「ふらっとの理念は、これだ！」っていうところに固執しすぎないで、ズレをどうやって新しいエネルギーに変えていくか、みんなでしっかり話し合って、やっていってほしいですね。

ふらっとまつりにて。左が小林さん、右は福田さん。

ひとりひとりに寄り添うために

誰かの役に立ちたい、自分を活かせる場がほしい…と集まってくれた人たち。しかし、子育て支援の現場では、「気持ち」だけでは通用しない場面もたくさんあります。自分とは違う経験をしてきた人をどう受容し、どんな声かけをすればよいのか。相手の状況に応じて、どんなサポートが必要か。日々の子育て支援の現場から課題を共有し、一緒に考える場を設けています。

●スタッフ研修のテーマ

・守秘義務について
・秘密・個人情報とは
・スタッフとしての自己覚知
・I（アイ）メッセージで伝える
・共感的態度とは？
・傾聴のワーク
・利用者さんへの介入（個人援助技術）
・グループへの介入（集団援助技術）
・新規利用者になってみよう
・子育て支援拠点事業ガイドラインに沿って
・メディアリテラシーについて
・新聞記事に沿って子育て支援について考える
・各ひろばの特徴について考える
・事業間の連携について整理する
・コミュニケーションスキル向上のために
・気になる利用者さんへの対応（実例とともに）
・スタッフの自尊感情を高めよう
・集団で利用する利用者についてその背景を考えよう
・お茶の効用について
・ジェンダー研修（外部講師含む）
・DVについて
・子育て世代が必要としている支援
・「聴こう」とする際の私の癖
・私が苦手と感じるポイントは？
・私が思う子育て支援と私の役割
・利用者の気持ちを体感しよう
・保育される子どもの気持ちを体感しよう
・「思い込み」について
・何をどう伝えるか？
・日誌の書き方・気を付けたいこと
・引き継ぎの時に大事なこと
・自分の傾向を知る（自己覚知）
・自らのエンパワメント（ほめほめワーク）

「自分の幸せを考えてもいいんじゃない？」と言われて離婚を決意。自分探しが始まりました

奥田 末利子さん

自主事業を開始した2003年に「ふらっと」のスタッフとなり、2004年度から事務局、2007年度から常勤職員に。2006年度から現在まで理事。

原井 奥田さんが住んでたマンションに私の高校の時の友だちも住んでて、生協の班に誘われたのが奥田さんとの出会いだよね。

奥田 マンションの下で生協の受け取りしながらしゃべってる人たちを、5階のベランダから「楽しそうやなあ」ってのぞいてた。

その時は子どももまだ小さかったし、長女は手のかかれへん子やったから子育ての悩みとかはそんなになかってんけど、でも孤独やった。だって、誰もしゃべる人いてないねんもん。ベビーカー押して、ぶらぶら歩くだけ。西岬さんも言ってたけど、ほんま「徘徊」してたわ。

だから、生協に誘われた時はうれしかったし、そこからいろいろ広がっていったって感じかな。

原井 「あいあい」に入ったきっかけは？　私が誘ったのかな？

奥田　うん。生協のカタログと一緒に「あいあい」のチラシが入ってて、「お茶しませんか」みたいな企画やったと思うねんけど、そこにケーキのイラストが描いてあったのが衝撃的で、「ケーキ食べれるの⁉」って思って参加した（笑）。

子どもいてたら、ゆっくりコーヒーも飲まれへんやん？　だから、ケーキ食べてコーヒー飲めるんや！って、すごく惹かれたの、覚えてる。

子育てしかしてなかったところからどんどん世界が広がっていった

原井　「あいあい」代表の私のところに富田林市から託児の仕事の声がかかるようになって、奥田さんにも保育メンバーになってもらって。だけど、実は「ふらっと」の立ち上げメンバーではないんだよね。

奥田　「ふらっと」でひろばが始まった時にも、託児はまだ原井さんから誘ってもらってたから、「あいあい」のメンバーではあったけど、「ふらっと」には全然関わってなかった。原井さんが「ふらっとで助成金申請することになって、大変やねん」とか、「ふらっとがＮＰＯになるかもしれへん」とか言うのを聞いて「なんかわからんけど、大変そうやなあ……」って思ってた（笑）。

原井　託児を「ふらっと」の事業として請け負うことになった時に、保育のコーディネーターを引き継いでもらって、そこから「ふらっと」のメンバーに。

私は保育士の資格も福祉関係の資格も何も持ってなかったし、編集の仕事もあったから、保育メンバーのリーダー的な役割を奥田さんにお願いできたらうれしいなあ……と思って勇気を出して頼んでみたら、案外あっさり「いいよ」って言ってもらえて（笑）。

奥田　私は「子どもが幼稚園から帰ってくる3時ごろまでやったらいいよ」って言ったのに、ぜんぜん3時までじゃなかった（笑）。保育自体はそんなに遅い時間までやってなかったけど、あちこち連絡もせなあかんかったから。その頃には元夫の実家での同居も始まってたし、夕方の忙しい時間に電話するのに気を遣ってたの覚えてる。

原井　その頃から、同居はしんどかったん？

奥田　拘束されてる、自由がない、っていうのがしんどかったし、生まれ育った環境とまったく違うのもしんどかった。大都会で育った私にとって、田舎の生活がぜんぜん現実的なものじゃなかったんだよね。祭りにしても子ども会の行事にしても、地元の人たちで出来上がってる雰囲気があって、新参者の私は入られへんかった。

ストレスで、週末になったら微熱が出るし、湿疹も出るし。元夫は仕事も不安定な人で、もし親からの財産が手に入ったらこの人は外に出て遊び呆けるんやろな、そして私には親の介護に追われる毎日が残されるんやろな、って。

原井　それでも、家を出る決断をするのって、大変なことやと思うけど。

奥田　漠然と「出たい」と思ってたけど、そんな勇気もないし、誰かに背中を押してほしい気持ちやった時に、「ふらっと」でやってた「女性のこころ相談」に行って、ウィメンズカウンセリングの的場（かの代）さんに話を聞いてもらってん。その時に、「しんどくてもがんばってきたその力を、今度は自分のために使ってもいいんじゃない？」って言われて、「そうなんや！　自分のこと、優先してもいいんや！」って、衝撃を受けて。それで決断できた。

　あと、収入が約束されたのも大きかった。岡本ちゃんに「家を出ようと思うから、ふらっとを辞めてフルタイムの仕事を探そうと思ってる」って相談して、それがきっかけで社会保険に加入する常勤職員を置くことになって。やっぱり、毎月決まった収入が入ってくるっていう保証がないと、子どもふたり連れて家を出るって難しかったと思うし、常勤職員になれたから決断できたんだよね。

ひろばで培ってきた、母も子も尊重する支援をさらに丁寧にすすめていきたい

原井　でも、すごくしんどそうな時期もあって、実はちょっと「保

ふらっとまつりで15周年記念のオリジナルグッズを販売。

育コーディネーター押しつけて、悪かったかな」って思ってたてん（笑）。

奥田　私には子育てしかなくて、子どもがいてなかったらなんにもない状態やったから、「ふらっと」は魅力的やったよ。「○○ちゃんのお母さん」じゃなくて「奥田さん」って呼ばれる。それがうれしい、っていうのを、実感してた。

「ふらっと」で会議してた時に、つどいの広場の全国会議か何かの話が出たのを聞いて「全国……!?」って思ったのも覚えてるわ。それまでほとんど子どもの話題だけの毎日やったのに、そんな広い世界に私はいま関わってるんや……って思って、うれしかった。

でも巽さんが辞めて、三好ちゃんも辞めて、結局岡本ちゃんとふたりで常勤職員として責任持たなあかんようになって。でも岡本ちゃんが外にどんどん出始めた時期やったし、結局みんな何かあったら私に言ってくる。「あれどこ？　これどこ？」って探し物を頼まれることも多くて、自分の仕事がちっともはかどれへん。

子どもたちが外に出たら危ないから、表の門扉に錠がいる……って話になって、仕事が終わってからわざわざホームセンターに買いに行ったのに、「奥田さん、あの錠、かたくて開けにくい」とか言われたりするねん。そういうのがすごく孤独やったし、完全にキャパオーバーでイライラしてた時もあったわ。

岡本ちゃんは、いつも新しい仕事を持って帰ってくるだけで、「あとはよろしく」やん？「一緒に子育てヘルパー」が始まった時も、「私はやれへんで、絶対に無理やで」って言ったのに、結局岡本ちゃん、いてないねんもん。

でも、そのおかげで、仕事の土台は作れたかな、と思ってる。岡本ちゃんが信念を持って「こういうことをやっていかなあかん！」って持って帰ってきたものを、実際の事業としてどう組み立てていくのか。やり方にしても、書類のフォーマットひとつにしても、作ってきたかな、とは思う。だって、フォーマットなかったら困るのは自分やねんもん（笑）。

原井　イライラしなくなったのは、どのへんから？

奥田　原井さんとしゃべってて、「仕事、楽しかったらアカンと思ってるよね？　楽しくてもええんちゃう？」って言われてん。それまでは、仕事はしんどいもんや、お金もらってるねんからやらなあかん、って思ってたし、ほかのスタッフに対しても「仕事やねんからちゃんとやって」っていう気持ちを持ってた。でも、仕事って楽しくてもええんや、逆に楽しくなかったらこんなん続けてられへん！って開き直って、そこからみんなにも楽しく仕事してほしいなって思うようになった。福祉に携わる人のメンタルケアの講座なんかも、ネットで探して受けに行ったりしてるねん。

原井　この春からは家庭的保育事業も始まるわけやけど、責任者としての意気込みとか、聞かせて。

奥田　これまでは漠然とした不安もあって、逃げたい気持ちも強かったけど、やっと腹をくくった。事業所の名前は「Kotona（ことな）」に決まったよ。フィンランド語で「家庭的」っていう意味やねんけど、「こどもとおとながフラットな関係で」っていうニュアンスも入ってる。

富田林初の事業でもあるし責任重大やけど、これまでひろばでやってきた、母も子も尊重するっていう支援を、さらに丁寧にやっていきたい。家庭的保育なら、個別の対応も今まで以上にできるようになると思うので、そこを意識してやっていきたいと思っています。

子どもを両脇に抱えて、マンションのベランダから飛び降りようとした私が、子育て支援の原点

岡本 聡子さん

2003年の設立当時から代表として活躍。NPO法人となった2004年度から2017年度まで代表理事。子育てひろば全国連絡協議会の理事もつとめる。

原井 「ふらっと」立ち上げに至る経緯……というよりは、まずは子育て支援に至る経緯を聞かせて。

岡本 長女を妊娠してることが分かったのが、大学4回生の夏。就職もほぼ決まってて、でも留学したいとも思ってて、いろいろ資料を取り寄せたりして迷ってる時に妊娠がわかって、祖母の「子どもは授かりもの」というひと言で産もうと決めた。次の年の春、卒業式の3日後に長女が生まれた。

原井 初めての子育ては、どんな感じ？

岡本 長女の時は、ふつうに機嫌よく子育てしてた。でも、公園に行っても自分だけがすごく若いママやから、疎外感はあってん。「若いなー」って言われるのも、未熟やと言われてるようで嫌やったし。

一方で、同級生はみんな社会人1年生になってるわけやん。夜泣きがどうとか言っても理解してもらわれへんし、自分だけ「社会人になれなかった感」もすごく感じてた。「私が公園でぼーっと子どもを見て

る間、みんなは仕事してるんや」って思って、すごく焦ったのは覚えてる。

原井　子育てがしんどかったというより、社会から置いてけぼりにされてる焦りのほうが大きかったんや。子育てが大変になったのは、次女ちゃんの時？

岡本　次女はアトピーがひどくて、産院で新生児が並んで寝てる時からあちこち掻いてるし、黄色い汁出してるし。かゆかったからやと思うねんけどぜんぜん寝えへんし、ガーゼはがしたら痛くて泣くしで、壮絶な日々やっててん。

母乳をあげるのに、卵、牛乳、大豆、小麦、ぜんぶ除去せなあかんかってんけど、そうなると食べるもんがないねん。蝉が鳴いてるのを見て「これって、たんぱく質かな。から揚げにしたら食べられるのかな」って思ったぐらい。お米を3合炊いたのを、お塩だけで1食でぜんぶたいらげたり、それぐらい飢餓感あったし、日々追いつめられてた。

次女が6ヵ月の頃に夫の転勤で東京に引っ越してんけど、それこそ絵に描いたような孤立。知り合いも友だちも、手助けしてくれる人も誰もいない中で新しい生活が始まって、あちこちの病院に通ってみるけど良くなれへんっていうのを繰り返してた。

包帯だらけやし、ベビーカーに乗せて外に出ても、みんなが「かわいい赤ちゃん」じゃなくて、「かわいそうに……」っていう感じて見てくるねん。そうなると、外に連れていくのもいやで、引きこもるねんな。

ハウスダストが良くないと言われて、毎日気が狂ったように床ふいて布団も干して、それでも良くなれへん。今から思えばそんな必要あったんかな……と思うけど、当時は1日5回お風呂に入れなさいって指導されてて、まず全身をイソジンで消毒して、それからお風呂に入れて、上がってから保湿剤を塗って包帯で巻く、というのを、毎日毎日5回やるわけ。それでも良くならなくて、ずっと血を出しながらかきむしってるし、こっちも寝られへんし、ほんまに地獄絵図やった。健診で相談したら、最後まで残らされてストレスチェックされる、みたいな感じになって、追いつめられるばっかり。

その頃の体重って、38キロぐらいやった。そうなると生理もとまるし、髪の毛も抜ける。

長女はもう幼稚園に行ってたけど、私が長女に当たってしまうのがストレスになってたんやろな、毎晩おねしょするねん。

「もう無理や」と思って子どもふたりを両脇に抱えてマンションのベランダに出て、子どもを落として自分も飛び降りようと思うねんけど、長女と次女とどっちを先に落としたらいいのか、それがどうしても決断でけへん。そのおかげで、今生かされてる。

自分が心を閉ざしてたから人と関わるチャンスを逃してた

原井　そこから抜け出したきっかけは、何やったん？

岡本　国立小児病院（現在は国立成育医療センター）に行った時に、子どもの虐待チェックリストみたいなのを書かされてん。

「子どもがかわいいと思えない時がある」っていう項目があってんけど、30分以上答えられないまま凝視してて……最後に「はい」に○をつけた瞬間にどーって涙が出てきたのを、病院の心理士さんが見てたらしくて、別室に呼ばれて「お母さん、ひとりでよくがんばってきたね」って声をかけてくれた。ずっと誰にも心を開いてなかってんけど、その時初めて救われた感じがしてん。

その人からは「がんばらなくていいよ」じゃなくて、「やりすぎです」って言われた。やっぱり、神経質になって、やりすぎてたんやろな。市役所の担当職員さんにつないでくれた。民間の家事サービスを紹介されて、それを利用するようになってから、いつも溺れてるような生活やったんが、ちょっと息継ぎができるようになってん。

東京って、人はいっぱいいてるのに、孤独な街なんや……って思ってた。長女を連れてスーパーに行って、すごくぐずったから置き去りにして柱の影で見てたことがあってんけど、泣きわめいてる子どもを見ても誰も声をかけてくれへん。

ちょうどその頃、同じマンションから飛び降りた人がいて。でも、その人が誰なのかすら、私にはわかれへん。「私のこと誰もわかってくれへん、誰も助けてくれへん」と思ってたけど、その人にとっては私も「助けてくれへんかった人」なんやと思った。

そんなことがあって、もう限界やと思って、夫に「もうムリ、大阪へ帰ろ」って言って転勤希望を出してもらって、結局2年で大阪に戻ってきてん。

大阪へ帰ってきて、次女をベビーカーに乗せて近所のイオンで買い物をしてたら、見知らぬ人に「可愛いね、いくつ?」って声かけられて、号泣した（笑）。

こういう話すると東京の人に怒られるねんけど、ほんとは東京が冷たい街っていうわけじゃなかったんやろな。自分の心が開いてなかったから、人と関わるチャンスを逃してたんやと思う。

原井　それで、福祉の勉強をしようと思ったん?

岡本　テレビのドキュメンタリーか何かで、社会福祉士の人を紹介してたのを見て、「あの時、私を支援やサービスにつなげてくれた人は、社会福祉士やったんちゃうか」と思ってん。それで、社会福祉士の勉強をしようと決めて、通信教育の専門学校に入った。

並行して富田林市の女性問題アドバイザー養成講座も受けてて、そこで巽さん、三好ちゃん、原井さんたちに出会って、「ふらっと」を立ち上げることになって、現在に至る、やな。

代表としての孤独を覚悟した時が一番きつかったかな

原井　そこからの岡本ちゃんは、猪突猛進。あちこち出向いていって、行政の人たちとも議論交わして、大変そうやな……と思ってたけど、一番しんどかったことは?

岡本　事業を受託するとか、そのために書類を書くとかいうのは、それほど大変じゃないねん。外に出て行って議論したり闘ってくるのも、「よっしゃ、やったる!」みたいな感じで、どっちかって言うと得意分野（笑）。

一番きつかったんは、代表であることの孤独を覚悟した時やな。巽さんにしても三好ちゃんにしても、子育てサークルからスタートしてて、そこでのやり方もあったわけやん。でも、私は代表として、そこと同じ立ち位置に立たれへんと思った。そこを覚悟したというか、諦めたというか、「もう仲良しサークルじゃないねん」って思った時が一番しんどかったな。

でも、それって、ワーカーズやってた原井さんの影響もあるねんで。原井さん、最初に「女たちの働く場を作っていきたい」って言うたやん？　「ふらっと」は「私たちの居場所」ではあるけど、それが「私たちにとって心地いい場所」っていうだけじゃなくて、「女性たちが働く場」にするんやっていう、明確なミッションは持ってた。仕事を生み出していく場、事業展開していく場やという意識はすごくあってん。だから、もちろん子育て支援はやりたかったけど、「女性が社会人になれる場所」を作りたいという意識も強かったかな。

余談やけど、「ふらっと」が始まった頃に、大阪市立大学に社会人大学院ができて、資料を取り寄せたことがあるねん。応募用紙に社会人としての経験年数を書く欄があってんけど、私は就職したことがなかったから、「ボランティアの年数でもいいですか？」って電話で問い合わせたら「就業経験を書いてください」って言われて、ブチ切れた（笑）。「専業主婦やボランティアは、社会人じゃないんですか！　社会になんの貢献もしてないってことですか！」ってくってかかったら、次の年から募集要項が変わってて、ちゃんとボランティアでもOKになってた（爆笑）。

やっぱり、大学卒業してすぐの「社会人になれなかった感」が原点なんやろな。「ふらっと」に関わることで、私は社会人になれた。

これからも、ウェルカムな気持ちでいたら私を必要としてくれる何かが生まれてくると思う

原井　２０１８年の春には、いよいよ代表交替。これからどうするの？

岡本　「ふらっと」を始めた頃に「自分たちの居場所が欲しい」と思ってたのが叶って、「女性の働く場にしたい」っていうのもある程度形になった。あとは、きちんと世代交代するというミッションが残ってるだけやから、まずはこれをやる。

その後は……どうしようかなあ。これ、なんべんも言うてるけど、私は自分から「これやりたい」って言ったことはない。よーく考えてみて。「ふらっと」も私から「やろう」って言ったわけじゃないし、代表になったのも、原井さんに「やれへん？」って言われたからやん？　そもそも受け身やのに、なんでアクティブな人やと思われてるの？（笑）。

だから、「ふらっと」の代表を辞めても、ウェルカムで待ってたら、きっと何か降ってくるやろって思ってる。私を必要としてくれるところに、自然とおさまっていくと信じてます。

子どもわくわく体験隊の活動に、スタッフや大学生ボランティアと参加。

第3章

女性たちの「活動」を「仕事」にするために

サークル的に始まった「ふらっとスペース金剛」をどうやって現在のような「働く女性の組織」へと変革していったのか。

組織運営について模索している人たちへのヒントになるように、私たちの経験をまとめました。

興味や関心も、年齢も、背景も違うメンバーをまとめるには……

「ふらっとスペース金剛」を立ち上げたのは、富田林市の女性問題アドバイザー養成講座の修了生、子育てサークル「あいあい」のメンバー、生協エスコープ大阪の有志など。まずは、親子がふらっと立ち寄れる場所を……と、週1回の「ほっとスペース」からスタートしました。

2歳児を連れて参加している子育て真っ最中の若いメンバーから、子どもはすでに思春期という子育ての先輩たちまで年齢も幅広く、女性問題（ジェンダー）を勉強してきた人、親の介護を経験してきた人、障害者施設でボランティアをしていた人、生協活動を引っ張ってきた人、編集ワーカー……と、興味や関心、仕事や職歴もさまざまなメンバーが集まってのスタートでした。

必ずしも価値観が一致するとは言えない中でのスタートでしたが、多彩なメンバーが揃っていたことは結果として「ふらっと」の大きな強みとなりました。生協活動で培ったノウハウを持った先輩たちの

「やろう!」のひと言が若いメンバーたちの強力なバックアップとなり、何も知らずに走り出した若いメンバーの勢いは、先輩たちの刺激となっていきました。

編集ワーカーは毎月のニュースを作成し、外部でのボランティアを経験してきたメンバーはそこで知り合った人たちをどんどん「ふらっと」に巻き込んでいく。自分にできることを呈示し、それぞれが得意分野で関わっていくというスタイルが出来上がっていきました。

ふらっとスペース金剛の結論

多彩なメンバーが集まったことが強み。それぞれが、自分にできることを！

仲間で立ち上げた団体だから当然、衝突もある。そんな時は……

さまざまな価値観を持つ人たちで立ち上げた「ふらっと」。スタートしてみると、こまごまとした問題ほど議論に時間がかかることがわかってきました。

利用者にお茶とお菓子でくつろいでもらいたい、という意見が出ると、アレルギーの子どものことを考えるとお菓子を出すのは危険では？という人も。助成金を申請するにしても「子育て支援なのだから、たばこ関連産業の助成は受けたくない」という意見が出たり。

一般企業であれば、トップのひと言で解決できるのかもしれません。しかし、仲間で立ち上げた「ふらっと」では、それぞれが自分の意見を言うのは当然のこと。それをまとめていくのは大変でした。

幸運なことに、「ふらっと」には、立ち上げ当初に決めたキャッチフレーズがありました。「I'm OK. You are OK. We are all OK.」。子育てに追いつめられるママたちへの「あなたはあなたのままでいいんだよ」というメッセージでしたが、このキャッチフレーズのおかげで、お互いの気持ちを尊重して議論するという雰囲気が自然と出来上がっていきました。

このキャッチフレーズのもと、「まずは続けるための選択をする」と決めました。理想を語ればキリがありませんが、とりあえず続けていくためには？と考えて優先順位を整理していくことで、細かい衝突が解消されていきました。

ふらっとスペース金剛の結論

I am … の理念でお互いを尊重しながら「続けていくための最善」を考える

個人の収入が減ってしまう決断はなかなか難しい……

「あいあい」の代表だった原井が行政などから依頼されていた託児の仕事は、「ふらっと」で引き継ぐことになり、これが「ふらっと」の自主事業第1号となりました。

とはいえ、これが実現するまでに半年もかかってしまいました。

なぜなら、保育メンバーには、富田林市などから直接個人に支払われる時給としての収入がありましたが、「ふらっと」が運営する「ほっとひろば」のメンバーの活動費は、当時1回500円。これを統合し一律の賃金にするとなると、保育メンバーの収入が減ってしまうことは明らかでした。

一時的には個人の収入が減るかもしれないけれど、団体として取り組むことで仕事の信頼度を上げ事業を拡大していけば、安定した事業収入を確保できる。みんなで協力して、そんな団体を目指していこう！と説得して、保育事業を統合しました。

それまで個人に支払われていた時給は一括して「ふらっと」が受け

取り、そこからメンバーに再分配する。保育もひろばも、同一の時給を支払う。もちろん、コーディネイトするスタッフにも分配する。「託児」から「保育事業」と名付けて、心機一転。「活動する個人の集まり」から「賃金を支払う団体」への第一歩を踏み出したのが、この時でした。

コーディネイトにも、人材育成にもコストがかかるのだという意識を持つことが、ステップアップの鍵かもしれません。

ふらっとスペース金剛の結論

活動する個人の集まりではなく、仕事をする集団だという意識が大切

NPO活動って、無償ボランティアでやっていかなあかんの？

親子の居場所「ほっとひろば」が自主事業としてスタートした当初は、週1回10時から13時の開催で、利用者からは1回500円の利用料をいただいていました。飲み物と、ちょっとしたお菓子をお出ししての500円。毎回気軽に来てもらうには、安いとは言えない金額です。「つどいの広場事業」の受託をめざして週3回に拡大した翌年には、月に何回利用しても2千円という月極料金を設定するなど、できるだけ利用者の負担を軽くし、何度も足を運んでもらえるようにと工夫しましたが、利用料だけでは家賃には届きませんでした。

一方、スタッフには、1回500円の交通費を支給。赤字分は有志が自腹を切って捻出していました。

いつか女性の働く場にしたいと思いながら大きな収入がなかったスタート時、いろいろなアイデアを出し合って資金を集めました。

●行政や財団などの助成金を探してきて、手当たり次第に申請する！

●活動に興味を持ってくれた人には、寄付の協力をお願いする！　活動内容を説明できるよう、リーフレットを作り、常にこれを持ち歩いていました。

●グッズを作って売る！　缶バッジが作れる子どものおもちゃを使って、オリジナルのバッジを作って売ったことも。オリジナルTシャツは、なくなればすぐに発注して、常にストックがある状態にしています。

●自主事業を立ち上げる！　主婦の私たちでもできる「託児」を仕事にし、これが自主事業第1号となりました。

ふらっとスペース金剛の結論

助成金を申請する！グッズを作る！そして、自主事業を立ち上げる！

さらにくわしく

オリジナル缶バッジ

缶バッジが作れる子どものおもちゃでオリジナルのバッジを作り、100円で買っていただいて運営資金に充てていました。

看板

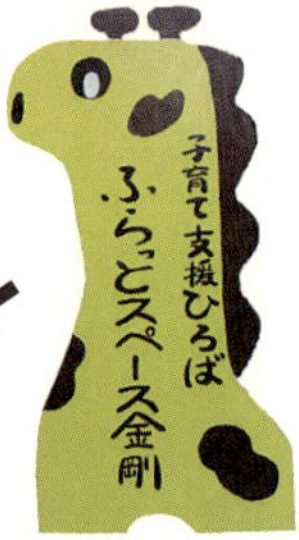

ふらっとTシャツ

オリジナルのTシャツを作って販売し、運営資金に。今ではスタッフ、子どもわくわく体験隊の子どもたち、大学生リーダー、親子ボランティアさんなどみんながこのTシャツを着用するため、サイズも110からLサイズまで豊富に揃えています。

キャラクター

「ふらっとスペース金剛」という長い名称を入れるために、首の長いきりんの看板を、手作りで作成。これを元に、プロのイラストレーターにイラストを描いていただきました。

10周年記念冊子

2014年2月、10年の歩みを記録したA4判50ページの冊子を作成しました。

10周年記念グッズ

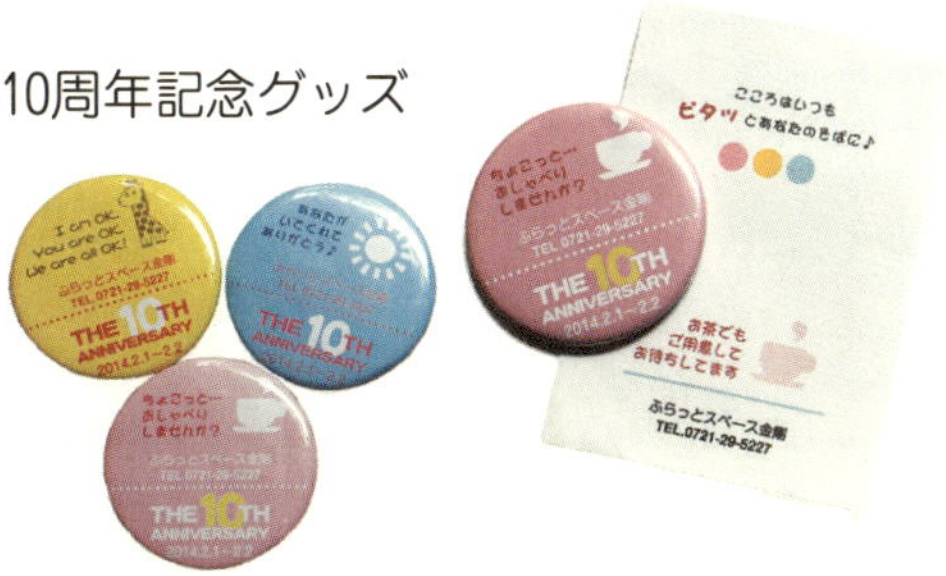

10周年記念グッズとして、メッセージ付きのマグネットを作成しました。

15周年記念オリジナルグッズ

15周年記念にマカロン型の付箋・タオル・缶ドロップなどのオリジナルグッズを作って販売しました。オリジナルキャラクターのきりんが大活躍！

メンバーズカード

膨大な利用者名簿を管理するため、2013年にメンバーズカードを導入。裏にはバーコードが付いていて、ひろばに来てくれたらバーコードリーダーで「ピッ」と読み込むだけ！

女性ばかりの集団だと大きな決断を避けてしまいがち……

人との出会いが大きな転機となることもあります。宝塚NPOセンターの森綾子さんとの出会いがそうでした。

森さんから提案されたのは、「大阪府福祉基金社会起業家ファンド」の助成金の申請。100万円の事業に対して、半分の50万円を助成してもらえる、という、当時の私たちには驚きの金額でした。自主事業を始めてからまだ半年、それまで申請した助成金はせいぜい数万円のものばかり。サークル感覚が抜けきれないいまの自分たちの活動が、100万円の事業になるなどということは、まったく想像することができませんでした。私たちはその規模の大きさに戸惑い、この助成金を申請するかどうか、迷いに迷いました。

結果として、「ふらっと」はこの助成金を申請し、「コミュニティ再生を目指した子育て支援事業」に対して助成を受けることができました。申請書の書き方は、森さんがいちから指導してくださいました。「こういうふうに書けば?」という指摘は、そのまま「こういうふうに事業を進めていけばいいんですよ」という指導であり、どうすれば100万円の事業を創出できるのか、申請書を書きながらイメージできるようになっていきました。

この助成を受けたことで、「コミュニティビジネスとは何か」を多くの先駆者の事例から学ぶ機会ができ、事業に投資するという発想も学ぶことができました。

2011年、天国へと旅立たれた森さん。あらためて、感謝と哀悼の意を捧げたいと思います。

ふらっとスペース金剛の結論

必ず支えてくれる人はいる！「できるかもしれない！」と前向きに

「おおさか CB フォーラム」の見本市で活動紹介。

さらにくわしく

「おおさか元気ネットワーク（OGN）」は、コミュニティビジネスを応援する中間支援組織として、大阪府から委託を受けて経営コンサルタントなどをおこなっている団体です。

宝塚NPOセンターの森綾子さんも、OGNのメンバーとして、私たちの指導に関わってくれました。「無いものはみんなで持ち寄ればいい」「人手がなければ自分が動けばいい」……そんな主婦感覚の私たちは、「トイレには電気つけへんの？　トイレットペーパーも使わへんの？　そのあと手を洗う水は？」と言われて、目からウロコ。鉛筆一本、電気、人が動くことも経費なんだという感覚を、森さんから徹底的に教わりました。今ま

コミュニティビジネスの先駆者から経営の視点を学べたことが大きな強みになりました

で意識していなかったお金の流れを意識するようになり、漠然としていた夢は、事業計画を書くことで明確になっていきました。

助成を受けたあとも、OGNの先輩たちに、経営、労務、交渉のノウハウなどを教えていただきました。メンバーに子どもを預け、夜に開催されていた起業家研修に参加するため「A'ワーク創造館」（大阪地域職業訓練センター）に通ったのも、懐かしい思い出です。

子育て中のママたちを応援したいという当事者意識を持ってスタートしましたが、同時に経営の視点も必要で、思いを形にし継続するためにはこのふたつのバランスが重要ではないかと思います。この感覚を持てたことが、「ふらっと」の強みとなりました。

法人になる必要、あるの？ NPOじゃないと、ダメ？

助成金を申請したり、行政の委託を受けようとすると、やはり法人格がないことが大きなネックになってきます。銀行口座ひとつ作るにも、法人格がなければ代表者が個人名義で作るしかなく、組織であることを対外的に証明することができません。

そこで、「ふらっと」もNPO法人を取得しよう！という流れに。ところが、この議論は予想以上に難航しました。メンバーの中には「全員が出資し、全員が経営し、全員が労働する」を標榜するワーカーズ・コレクティブ運動に関わってきた人が多く、代表と職員の間に雇用関係が発生するNPOの組織図は違和感のあるものだったのです。

NPO法人について知るために、コミュニティビジネスの先輩の話を聞いたり、外部の講座にも積極的に出かけていきました。「なぜNPO法人なのか」という根拠を明確にし納得の材料とするために、こうした講座で勉強したことが多いに役立ちました。

一方で、形式的には雇用関係が発生したとしても、メンバー全員が運営に関わっていく姿勢はこれまで通り続けていこう、と確認して、ＮＰＯ法人取得に向けて動き出すことができました。

「なんだかサイズの合わない服を着ているみたいな気がする……」と言いながら、理事を引き受けてくれたメンバーも。理想とする形ではないけれど、納得して応援してくれる人たちがいたことで、法人としてのスタートを切ることができました。

ふらっとスペース金剛の結論

法人格取得で変わること、変わらないことをメンバーで共有してスタートしました

「ふらっと」の立ち上げには、子育て当事者だけでなく、生協活動を続けてきた先輩たちが多く関わってくれていました。

生協では、ワーカーズ・コレクティブ運動を推進していましたが、残念ながらワーカーズ・コレクティブに法人格はありません。法制化を目指して活動していたさなか、先にNPO法が成立したのです。

そうした先輩たちの想いは複雑でした。全員が運営の責任を担うワーカーズ・コレクティブが理想型なのに、法人格がない。法人格の必要性も、イヤというほどわかっている……。

さらにくわしく

年1回のふらっとスペース金剛の総会にて。

若い仲間たちのチャレンジを
後押ししてくれた先輩たちがいて
NPO法人取得に踏み切ることができました

ワーカーズ出身者が使っていた「出資金」は、NPOで言えば「会費」であり、会費を払った「正会員」は全員が運営に参加できる……。言葉の使い方の違いをひとつひとつ丁寧に共有し、NPOであっても理想の働き方を追求できることを確認して、最終的には合意を得ることができました。

NPOは人を財産とする組織です。資本金は0円でも設立できますが、メンバーが10人いないと立ち上げられません。人数が集まらずに断念するグループもある中、納得して応援してくれる先輩たちがいてくれたことで、NPO法人としてのスタートを切ることができました。

女性ばかりの集団。仕事中もついつい、おしゃべりに夢中に……

ある出張保育の現場でのこと。スタッフ同士が、ついおしゃべりに夢中になっているところを依頼先に見られてしまい、お叱りを受けるという事態が起こってしまいました。

仕事として保育をする以上、やはり質が問われます。ママたちが「次もまた預けたい」と思い、子どもたちが「また遊びに行きたい」と思ってくれる保育を提供して初めて、次の仕事につながっていくのです。

事態を重くみた保育責任者の奥田が、ミーティングなどで注意を呼びかけました。しかし、「奥田さんに叱られるから、気をつけよう」という消極的な気持ちでは、保育の質の向上にはつながりません。スタッフ自身がモチベーションを高めなければ、意味がありません。

そこで、それまでは保育責任者が指示していたおもちゃや持ち物の準備を、現場に向かうスタッフに任せるようにしました。

現在では、保育する場所と時間、保育する子どもの名前と年齢、担当するスタッフの名前などは、スマホやパソコンで一覧できるようになっており、どんなおもちゃや絵本が必要か、救急箱は誰が準備するのか、交通手段は……など、スタッフ同士でやりとりをして確認します。大規模な保育ではリーダーを決め、リーダーがSNSなどで指示をします。

今では、「2歳児ならこんな遊びもできるかな」「0歳児がいるから、布団もいるね」など、スタッフ自身が自主性を持って取り組むようになりました。

ふらっとスペース金剛の結論

トップダウンの指示ではなく、自分で考えて行動する仕組み作りを

スタッフが増えてくると意欲の差も目につくように……

富田林市の「つどいの広場事業」受託にあたり、それまでは知り合いに声をかけて集めていたスタッフを、ニュースで広く募集することになりました。「スタッフ養成講座」を開催して、「ふらっと」の理念や子育て支援とは何かを説明するところからスタート。

その後、市民会館やコミュニティセンターなど、合計4カ所の「つどいの広場」を運営する頃には、スタッフの数も20人近くまで増えていました。

そうなると今度は、仲間同士で運営していた時にはなかった問題が。ちょっと関わってみたい人から、もっと勤務に入りたい！仕事としてバリバリやりたい！という人まで、思いも様々で、横並びの勤務が難しくなったのです。

仕事に意欲的な人と、自分のペースで仕事をしたい人が、同じ条件で働くことに矛盾があるのでは……と考え、固定給を導入することになりました。月に16日（現在は90時間）の勤務を条件に月給を支払う代わりに、「担当」という名の責任者となってもらう、という仕組みです。ひろば担当、保育担当、子育てヘルパー担当……といった具合。

　月に15日程度勤務するパートタイマーでありながら、責任と権限を持つ責任者になれる。ハードルはちょっぴり高いけれど、勇気を出して「担当」の道を選んだ女性たちは、職場全体のことを考えるようになり、他のスタッフから頼られる存在になっていきました。

ふらっとスペース金剛の結論

パートタイマーであっても責任と権限を持てる「担当」制度を導入

さらにくわしく

例えば、「ほっとひろば」の場合。富田林市内に4カ所あり、それぞれに「担当者」がいます。0歳児が集まる「赤ちゃんタイム」はいつ実施するのか、「パパタイム」でどんな企画をするのか、おもちゃはどこに置くのか……など、講座の内容を企画したり、講師を決めたり。「ふらっと」以外の人たちと共同でまつりを開催することもあります。

保育やヘルパーの場合は、誰にどの保育を任せるのかなど、人の配置を決める権限もあります。そのかわり急な依頼の時など、スタッフ確保に大わらわ……なんてこともありますが。

今月はどうしてもたくさん休みが欲しい……という時は、翌月がんばればOK。固定給なので月給

自分で決める権限がある！
雇用保険や固定給で
守られているのもウレシイ！

が保障されています。逆に、今月は仕事が多くて休めない……という時には、翌月多めに休みを取ることもできます。

与えられた仕事をこなすだけではない、責任と権限を持つ担当者制度。「担当者になりたい」と手を挙げるのは勇気がいることですが、やりがいを感じてチャレンジする女性たちがたくさん生まれています。

また担当者になると雇用保険に加入することもできます。組織に守られているという意識が、やる気につながっていると思います。

スタッフのほとんどが、子育て中。子育てしながらの勤務は大変……

責任を持って仕事を……と言っても、スタッフのほとんどは子育て中のママたち。幼稚園児や小学生を抱えるスタッフは、土日や夕方遅くの仕事に入ることが難しく、勤務に入れる人が限られてしまいます。市内で一斉に実施される運動会の日に保育の仕事が入ったりすると、「いったい誰が行くのか……」と戦々恐々です。

2人目、3人目を妊娠したスタッフに、いつからどうやって職場復帰してもらうのか。会議やミーティングは、どの時間帯に設定すればみんな参加できるのか……。子育て支援の団体である以上、子育てする母親が働きにくい職場にしたくはありません。どうすれば子育てしながら安心して働けるのか、いろいろな場面で知恵を絞っていきました。

会議は、夕飯の準備を済ませたあとのほうが出やすいという意見が多く、夜7時からスタートすることに。小学生は、自宅ではなく「ふらっと」に帰ってきて、宿題をしたり、利用者さんのお子さんたちの面倒を見たり。塾や習い事の送り迎えも、スタッフ間で助け合いました。

　子連れでの勤務もOKとし、「ほっとひろば」ではスタッフの子どもと利用者の子どもが一緒に遊ぶ光景が見られるようになりました。

　また、勤務表は全員がスマホやパソコンで見られるようになっており、子どもが熱を出した……といった時には、空いている人に自ら連絡して勤務を交替してもらうように。母親としての立場を理解しあえるからこそのアイデアが、こうして次々と生まれていきました。

ふらっとスペース金剛の結論

子育て中の苦労を理解し合えるからこそ、乗り切るためのアイデアが生まれました

就職したい！という大学生が現れた。さあ、どうする……

「ふらっと」には、教職や福祉職を目指すたくさんの大学生たちがボランティアに来てくれています。そのうちの1人が、卒業にあたり、「ふらっとに就職したい」と言い出しました。

同じ時期に、事務局として中心的に働いてきたメンバーが離婚を決意し、ふたりの子どもを連れて家を出ました。スタッフが自立して暮らせる給料を支払う必要性に迫られたのです。

それまでにも、残念な思いはしていました。せっかくスキルを身に着けてきたスタッフが、「子どもが大きくなったので、もう少し収入のよいところで働こうと思います」と言って辞めていく。「ふらっと」も、常勤職員の雇用を考える時期に来ていました。

ふたりの「就職」を実現するため、社会保険に加入することに。コストを覚悟しての、大きな決断でした。

同時に、勤務と賃金の体系を左表のように整理し、何かちょっと人の役に立つことがしたい……という人から、経済的な自立を目指す人まで、多様な働き方ができるようにしました。

		活動・勤務	役割や活動の内容	契約	会員	報酬	保険
活動	実習受け入れ、ボランティア（学生など）	随時	子育ての現状を知る	登録制	非会員	なし	ボランティア保険
	親子ボランティア（利用者と子ども）	月6回程度を限度に随時	利用者から支援者へ		利用会員	交通費	非営利活動保険
就労	ローテーション勤務職員	都合のよい時間帯・日数	子ども連れでも働ける	法人との雇用契約就業規則の対象	正会員	時給	労災保険 非営利活動保険 ひろば保険
	固定給職員	約90時間／月	事業責任者			月給	労災保険 雇用保険 ひろば保険
	常勤職員	8時間／日 22日／月	法人の理事・事務局・事業の統括者			月給	労災保険 雇用保険 社会保険 ひろば保険

ふらっとスペース金剛の結論

社会保険に加入して、常勤職員が誕生
多様な働き方ができる場になりました

女性同士のギスギスが大きくなってしまうことも……

どこの職場でもあることでしょうが、やはり人間関係がぎくしゃくすることもあります。先輩メンバーが新人につらく当たったり、リーダー的な立場の人が派閥を作ってしまったり。

「ふらっと」では、年末に代表がスタッフひとりひとりと面談し、翌年どう働きたいか、どんな要望があるかなどを聞く機会を作っています。もちろん、年末にかかわらず、いつでも個人的な相談に応じています。さらに、「女性のこころ相談」があり、フェミニストカウンセラーに相談することもできます。

ですが、一番やっかいなのは、こういう場面では出てこないけれど、陰でささやかれている仲間内のウワサや、仕事のグチ。一時期「ふらっと」でも、こうしたゴタゴタに悩まされた時期がありました。

代表理事の岡本がここで意識したことは、あえて外に目を向けること。外部研修に出かけることで、自分たちの組織を客観的に見ることができるようになり、外部からの大きな仕事を受けることで、内部はまとまらざるを得なくなりました。2011年に「第10回全国子育てひろば実践交流セミナーinおおさか」の事務局となった時も、全国規模のセミナーの運営という初めての経験に「また代表が大変な仕事を引き受けてきた！」と右往左往しましたが、これをきっかけにスタッフの意識が大きく変わり、人間関係の問題は消えていきました。

ふらっとスペース金剛の結論

内部がまとまらざるを得なくなるような外部の大きな仕事を引き受ける！

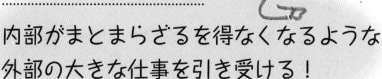

子育てママたちの悩みも
スタッフの悩みも聞いてほしい……

親子が集う「ほっとひろば」は、お茶を飲みながら気軽におしゃべりできる雰囲気が特長ですが、誰にも聞かれたくない悩みはなかなか話しづらいもの。個別にカウンセリングできる場があれば……という思いは、かなり早い段階から持っていました。

「ふらっと」立ち上げメンバーのうちの3人は、富田林市主催の「女性問題アドバイザー養成講座」の修了生。同じ修了生の中から、女性問題をテーマにカウンセリングや講師派遣などをおこなうグループが誕生しており、岡本もそのメンバーだったことからこのグループに個別カウンセリングをお願いすることに。

「女性のこころ相談」という名称で「ほっとひろば」利用者への個別カウンセリングが実現したのです。

「女性のこころ相談」は、6回まで無料で利用できます。当初3人のカウンセラーがいましたが、そのうちのひとり、的場かの代さんが独立してカウンセリンググルーム「My Life」を立ち上げ、カウンセリングを引き受けてくださっています。

今では利用者だけではなく、スタッフからも大いに頼られる存在に。何かあれば「的場さんに相談してみたら?」が合い言葉になっています。

ふらっとスペース金剛の結論

自前のカウンセラーがいたことが利用者さんとスタッフを支えました

これからもずっと続いていく組織にするために必要なことは……

「ふらっと」設立から15年。思いを形にしながら事業は順調に拡大し、基盤は整ってきました。

ここからさらに、20周年、30周年、50周年を迎える組織になるために何が必要か。そう考えた時に見えてきたのは、世代交代をどうするか、でした。

「ふらっとスペース金剛」を設立した第一世代のメンバーは、そろそろ孫が生まれる年代です。

ひたすら猪突猛進してきた第一世代から、落ち着きをもって事業を継続していく第二世代へ。その転換がスムーズにできて初めて、揺るぎない組織になったと言えるのではないか……そう考えるようになったのです。

代表が少ない報酬で、手弁当でがんばっている団体だと、次の代表を引き受ける人は出にくいかもしれません。身を粉にして働いてきたことが、かえって仇となってしまうかもしれません。

また、現場での判断をスタッフに任せることができず、すべての責任を代表が一手に背負ってきた場合も同様です。

「ふらっと」では、体系化された報酬システムを作り、また世代交代を見据えたスタッフ育成にも取り組んできました。

「誰にどうバトンをつなぐのか」。そこに、組織のありようそのものが浮かび上がってくると、私たちは考えています。

ふらっとスペース金剛の結論

世代交代をみすえて、報酬システムを体系化し、スタッフも育成してきました

ふらっとスペース金剛15年のあゆみ

2003.5 ●南海高野線「金剛」駅近くの民家を借りて、ふらっとスペース金剛の活動開始、週1回の「ほっとスペース」がスタート
●ホームページ開設、『ふらっとニュース』配布開始、活動紹介リーフレット作成

2003.7 ●「ふらっと文庫」がスタート

2003.10 ●子育てサークル「あいあい」から保育事業を引き継ぎ、ふらっとでの保育事業（出張保育・きっずルーム）がスタート

2003.12 ●大阪府福祉基金社会起業家ファンドより「コミュニティ再生を目指した子育て支援事業」に対し、助成金の交付を受ける

2004.3 ●「特定非営利活動法人ふらっとスペース金剛」の設立総会を開催（3月21日）
●「ほっとスペース」を週3回に拡大
●「子どもわくわく体験隊」がスタート

2004.5 ●富田林市の企画「市長とお茶でもどうですか」に応募、5名で多田市長を訪問

2004.8 ●特定非営利活動法人登記完了（8月11日）

2005.2 ●つどいの広場事業受託に向けて、富田林市入札管理課で事業者登録を完了

2005.3 ●「スタッフ養成講座」を初めて開催

2005.5 ●「ふらっとギャラリー」「できること登録」スタート
●ジャスコ金剛東店の「イエローレシートキャンペーン」に参加

2005.6 ●NPO法人おおさか元気ネットワーク（OGN）の活動に参加（起業家カフェ、社会起業家見本市など）

2005.8 ●富田林市つどいの広場事業を受託し、週3回だった「ほっとスペース」は、週6回の「ほっとひろば」として再スタート

2006.3 ●大阪つどいの広場ネットワーク発足総会に参加、事例発表

2006.8 ●大阪府男女共同参画活動事業補助金から50万円の交付を受け「子育てママのできること咲かせましょうプロジェクト」を実施

2006.9 ●「出張ほっとひろばinレインボーホール」を週1回開設

2006.10 ●「出張ほっとひろばinかがりの郷」を週1回開設

2006.11 ●中学生職業体験を受け入れ
●「レインボーちびっこルーム」での預かり保育スタート。同時に、富田林商工会との共催事業として、レインボーホールでの講座が始まる

2007. 4	●富田林市つどいの広場事業「ほっとひろば」を、市内3カ所（ふらっと・かがりの郷・レインボーホール）で受託、「赤ちゃんタイム」「プレママタイム」「パパタイム」などがスタート ●社会保険に加入
2007. 7	●キリン福祉財団の助成を受けて「夏休み子どもわくわく寺子屋」スタート
2007.10	●郵政公社年賀寄付金助成金の交付を受けて「一緒に子育てヘルパー事業」開始
2008. 4	●「出張ほっとひろばinすばるホール」がスタート
2009. 4	●大阪府「親と子のあゆみはぐくむプロジェクト」の調査研究チームのメンバーとなる
2009. 6	●すばるホールでの「ほっとひろば」が常設となり、ふらっとスペース金剛が運営するひろばは富田林市内4カ所に ●タウン情報誌「らくうぇる」で紹介される
2010. 6	●毎日放送「ちちんぷいぷい」で紹介される
2010. 8	●テレビ東京「NEWS FINE」で紹介される
2011. 4	●寺池1丁会の役員（会計）となる
2011. 7	●千早赤阪村「子育て支援ヘルパー派遣事業」を受託
2011.11	●「第10回全国子育てひろば実践交流セミナーinおおさか」に、実行委員会事務局として参加
2012.12	●石巻市開成仮設住宅で実施している「アリエッティのひろば」、陸前高田「きらりんきっず」、仙台「のびすく仙台」を訪問
2013. 4	●「ふらっとシェアルーム」オープン
2013. 7	●「夏休み寺子屋（ふらっと）」をふらっとシェアルームで初めて開催
2013. 8	●地域のお店と協同して商品開発事業に挑戦
2013.10	●ほっとひろばメンバーズカードを導入
2014. 2	●「ふらっと10年ありがとうフェスタ」「ふらっと10年語ろう会」を開催
2014. 4	●facebookページ開設
2014. 6	●親子の料理教室「ごきげんキッチン」スタート
2016. 7	●太子町養育支援ヘルパー派遣事業を受託
2016.10	●富田林市「育児ヘルパー事業」の派遣事業者として登録
2017. 1	●「ふらっとdeなかまほいく」スタート
2017. 4	●15周年記念グッズ（タオル・缶ドロップ・付箋・防災グッズ）の販売開始
2017. 6	●大阪府児童虐待相談における児童の安全確認等業務を受託
2017.11	●富田林市より福祉衛生功労賞の表彰を受ける
2018. 4	●家庭的保育「Kotona（ことな）」オープン

ふらっとスペース金剛の事業内容

子育て支援事業

**●ほっとひろば
（富田林市つどいの広場事業）**

子育て仲間を作ったり、悩みを相談したり、ほっとできる場もほしい…そんな要望に応えるのが「ほっとひろば」。富田林市の委託を受けて、市内4カ所の「ほっとひろば」を運営しています。

●預かり保育

病院に行きたい時に子連れだと大変、たまには赤ちゃんを預けてゆっくりランチや映画に行きたい…そんな時に、ふらっとスペース金剛でお子さんをお預かりするサービスです。

●出張保育

研修会やイベント、サークル活動などの際に、会館や会議室などご依頼の場所にスタッフがお伺いして保育します。

●一緒に子育てヘルパー

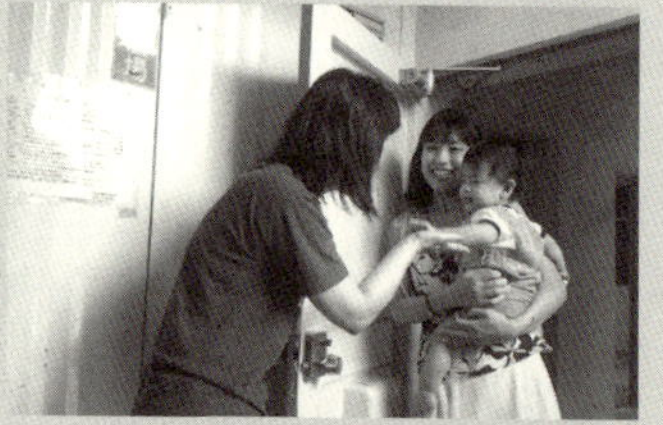

産後の赤ちゃんの世話や家事を家で手伝ってほしい、ひとりでの子連れの外出は大変なので一緒に出かけてほしい…など、手助けが必要な時にスタッフが出向いてお手伝いをします。
※富田林市・太子町・千早赤阪村から養育支援訪問事業を受託しています。

●児童の安全確認業務

大阪府からの委託を受け、富田林子ども家庭センターおよび岸和田子ども家庭センターでの児童の安全確認業務をおこなっています。

●家庭的保育「Kotona（ことな）」

家庭的な雰囲気で5人以下の0～2歳児を保育する「家庭的保育事業」。富田林市初の家庭的保育事業者として、2018年春からスタートしています。

子どもの居場所づくり事業

●子どもわくわく体験隊

校区や学年が異なる小学生が集まり、サポートしてくれる大学生リーダーと一緒に活動内容を考え、野外活動や工作、クッキングなどの活動を月に1回おこなっています。

●子どもわくわく体験隊ジュニア

就学前の子ども達と大学生リーダーが一緒に過ごす活動を月に1回おこなっています。電車に乗ってお出かけやお買い物など、大学生リーダーが中心となって活動内容を考えています。小学生のお兄ちゃんやお姉ちゃんと一緒の活動もあります。

●夏休み寺子屋　●春休み寺子屋

校区や学年の異なる小学生が集まり、長期休暇を一緒に過ごすことで、学校などの友達とは異なる人間関係を作っていきます。午前中は宿題や自主学習に取り組み、午後は工作やクッキングなど毎日いろんな企画を楽しみます。

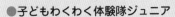

●ふらっと文庫

1,000冊以上の絵本・大型絵本・紙芝居・児童書や文庫本を揃えており、絵本・児童書・文庫本の貸し出しをしています。図書館まではちょっと遠い、子ども連れだとゆっくり絵本が選べないという方など、乳幼児や小学生、大人までご利用いただける文庫です。

エンパワメント事業

●ふらっとギャラリー

「できること登録」の登録者が、1枚のコルクボードを自由に使って作品を展示・販売できる仕組みです。出展料は月額500円なので、手軽に始められます。地域のお祭りや雑貨市などに出展する「出張ギャラリー」にも参加できます。

●わたし時間

ふらっとスペース金剛の会員の交流の場として、団地の一室をお借りして運営しているのが「ふらっとシェアルーム」。ここで毎月10日と20日に開催されているのが「わたし時間」です。「できること登録」の登録者が出展し、アロマトリートメントやカラーセラピーなど、癒しの時間を提供しています。

●講座

ふらっとシェアルームなどを利用してレザークラフトやシルバーアクセサリーの教室や、親子ふれあい体操など、さまざまな講座を開講しています。

おわりに

いつか書籍を出版するのが夢やねん、という原井メイコさんのひとことからこの1冊が生まれました。思い起こせば、誰かの困りごとや「こんなことしてみたい」に触発されて、「ふらっとスペース金剛」は歩み続けてきました。

「ジェンダー」の学びは、落ちこぼれ感でいっぱいだった私たちを救ってくれました。とはいえ、自分の中にあるジェンダーへの気づきは、自己否定や他者非難をしてしまう危険もはらんでいたと振り返って思います。是も非もなく自分自身を受け止めるためには、共感しあえる仲間が必要でした。自らの至らなさや弱さを認め、そんな自分が誰かに受容された時、人は強く優しくなれるのだと知りました。違いを尊重し多様なものを受けいれる柔らかい心をもつこと。こうあるべきという思考から自由になること。富田林市「女性問題アドバイザー養成講座」の企画者であり、「ふらっと」立ち上げメンバーに出会いの機会を与えることになった職員の渡部るりさんは、女性たちにまいた種がようやく実ったぞ、とニヤリと腕組みをしていることでしょう。

本書をまとめるにあたり、15年をふりかえる作業の中で「ふらっとスペース金剛」を導き、支え、応援してくれたひとりひとりの顔が浮かんできます。壁紙を貼り替えたり庭を整備したりといった力仕事のボランティアを引き受けてくれた方、資金面で支え続けたり、必要な物品を提供くださった方、ニュースやリーフレットを持ってあちこちに足を運んで宣伝してくれた方、すべての方のお名前を紹介できないのが残念です。２代目のリーダーとなる廣崎祥子のもとで展開されていく新たな「ふらっと」も同様に育んでいただければ、たいへんうれしく思います。

せせらぎ出版の山崎亮一さんは、出版に関して右も左もわからない私たちを快く迎え、定価１３００円もして売れるのか……と弱気になった時も、この本は単に子育て支援の活動をしている人たちだけでなく、ＮＰＯ活動を含めて地域で手探りの活動をしているすべての人たちに、大きなヒントと励ましを与える、と勇気づけてくださいました。内容に共感すると話した編集者の原知子さん、イラスト担当の井倉里枝さんにもお礼申し上げます。

そして、スタッフや利用者さんをはじめ、「ふらっと」に関わってくれたすべての子どもたちとおとなたちに、この本を捧げます。

２０１８年3月27日

岡本　聡子

特定非営利活動法人
ふらっとスペース金剛

〒584-0073 大阪府富田林市寺池台1-13-31
TEL 0721-29-5227　FAX 0721-55-2003

ホームページ：http://www.furatto.com
メール：info@furatto.com

ママたちを支援する。ママたちが支援する。
－「ふらっとスペース金剛」を立ち上げた女性たち－

2018年4月22日　第1刷発行

編　者　NPO法人 ふらっとスペース金剛

発行者　山崎亮一

発行所　せせらぎ出版
〒530-0043　大阪市北区天満2-1-19 高島ビル2階
TEL. 06-6357-6916　FAX. 06-6357-9279
郵便振替　00950-7-319527

DTP・装丁　原　知子

イラスト　井倉里枝

印刷・製本所　亜細亜印刷株式会社

©2018　ISBN978-4-88416-262-7

せせらぎ出版ホームページ　http://www.seseragi-s.com
メール　info@seseragi-s.com

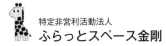